CORRETAGEM E TRANSAÇÃO IMOBILIÁRIA NO CÓDIGO CIVIL

O livro é a porta que se abre para a realização do homem.

Jair Lot Vieira

GABRIEL J. P. JUNQUEIRA

CORRETAGEM E TRANSAÇÃO IMOBILIÁRIA NO CÓDIGO CIVIL

2ª edição

CORRETAGEM E TRANSAÇÃO IMOBILIÁRIA NO CÓDIGO CIVIL

GABRIEL J. P. JUNQUEIRA

2ª edição – revista, atualizada e ampliada – 2014

© desta edição: *Edipro Edições Profissionais Ltda.* – *CNPJ nº 47.640.982/0001-40*

Todos os direitos reservados. Nenhuma parte deste livro poderá ser reproduzida ou transmitida de qualquer forma ou por quaisquer meios, eletrônicos ou mecânicos, incluindo fotocópia, gravação ou qualquer sistema de armazenamento e recuperação de informações, sem permissão por escrito do Editor.

Editores: Jair Lot Vieira e Maíra Lot Vieira Micales
Coordenação editorial: Fernanda Godoy Tarcinalli
Editoração: Alexandre Rudyard Benevides
Revisão: Georgia Evelyn Franco Guzman
Diagramação e Arte: Heloise Gomes Basso e Karine Moreto Massoca

---

Dados Internacionais de Catalogação na Publicação (CIP)
(Câmara Brasileira do Livro, SP, Brasil)

Junqueira, Gabriel J. P.
    Corretagem e transação imobiliária no Código Civil / Gabriel J. P. Junqueira – São Paulo : EDIPRO, 2ª ed. rev., atual. e ampl. 2014.

    Bibliografia.
    ISBN 978-85-7283-875-7

    1. Corretagem – Brasil 2. Direito civil – Legislação – Brasil 3. Imóveis – Compra e venda – Brasil. I. Título.

03-6063   CDU-347.235.1(81)

Índices para catálogo sistemático:
1. Brasil: Corretagem imobiliária: Direito civil: 347.235.1(81)
2. Brasil: Transações imobiliárias: Direito civil: 347.235.1(81)

EDITORA AFILIADA

edições profissionais ltda.
São Paulo: Fone (11) 3107-4788 – Fax (11) 3107-0061
Bauru: Fone (14) 3234-4121 – Fax (14) 3234-4122
www.edipro.com.br

*Dedico este livro aos meus filhos,
Luciano e Lélio.*

Sumário

1. CORRETAGEM 13
   1.1. Conceito de corretagem 14
   1.2. Natureza jurídica da corretagem 14
   1.3. Natureza jurídica do contrato 15
   1.4. Corretor de imóveis 15
   1.5. Do exercício da corretagem 16
   1.6. Função do corretor de imóveis 17
   1.7. Da relação empregatícia 17
   1.8. Da remuneração do corretor 18
   1.9. Conclusão do negócio 21
   1.10. Obrigações do corretor de imóveis 23
   1.11. Direitos do corretor 24
   1.12. Da comissão 25
   1.13. Exercício ilegal da profissão 26
   1.14. Podem, os advogados, intermediar vendas de imóveis? 26
   1.15. Cobrança judicial da comissão 27
   1.16. Infração disciplinar 28

1.17. Do corretor como incorporador 28

1.18. Contrato de corretagem 29

1.19. Modelo de contrato padrão 29

2. OPERAÇÕES IMOBILIÁRIAS 33

   2.1. Operações imobiliárias por meio de corretores 33

   2.2. Como devem proceder os corretores 34

3. DOCUMENTAÇÃO IMOBILIÁRIA 39

   3.1. Formalidades 39

   3.2. Documento e Instrumento 40

   3.3. Documento particular 40

   3.4. Documento público 42

   3.5. Falsidade de documento 43

4. DOCUMENTOS NECESSÁRIOS NAS TRANSAÇÕES IMOBILIÁRIAS 45

   4.1. Documentos pessoais 45

   4.2. Prova da capacidade para vender 46

   4.3. Certidões pessoais 46

   4.4. Certidões dos Cartórios de Protesto 47

   4.5. Certidão negativa municipal 47

   4.6. Outras certidões 48

   4.7. Loteamentos 48

   4.8. Imóvel rural 48

   4.9. Prédios 48

5. TÍTULOS DE PROPRIEDADE DO IMÓVEL 49

   5.1. Título de propriedade 49

5.2. Certidão atualizada 49
5.3. Certidões gerais 50
5.4. Imóvel com inquilino 51
6. TÍTULOS DE AQUISIÇÃO DA PROPRIEDADE IMÓVEL   53
   6.1. Compra e venda 54
   6.2. Do contrato preliminar 54
   6.3. Do direito do promitente comprador 56
   6.4. Cessão 56
   6.5. Permuta (Troca – Escambo – Barganha) 56
   6.6. Divisão "extinção de condomínio" 57
   6.7. Partilha amigável 58
   6.8. Doação 58
   6.9. Documentos judiciais 58
         6.9.1. Formal de partilha 58
         6.9.2. Usucapião 59
   6.10. Espécies de usucapião 60
         6.10.1. Usucapião ordinária 60
         6.10.2. Justo título 60
         6.10.3. Boa-fé 60
         6.10.4. Usucapião extraordinária 61
         6.10.5. Usucapião especial 61
         6.10.6. Usucapião especial urbana 62
         6.10.7. Domínio 63
         6.10.8. Adjudicação 63
   6.11. Modelo de adjudicação compulsória 64

7. TRANSAÇÕES IMOBILIÁRIAS 67
   7.1. Despesas de escrituras 69
   7.2. Venda de Imóvel com diferença de área 69
   7.3. Imóvel indivisível 70
   7.4. Das cláusulas especiais à compra e venda 71
      7.4.1. Retrovenda 71
      7.4.2. Da venda a contento 71
      7.4.3. Da preempção ou preferência 72
      7.4.4. Modelo de contrato particular de compra e venda   72
   7.5. Da evicção 74
   7.6. Do compromisso de compra e venda 74
      7.6.1. Modelo de contrato particular de compromisso de compra e venda 75
      7.6.2. Modelo de contrato particular de compromisso de compra e venda com sinal e princípio de pagamento   78
   7.7. Troca ou permuta (escambo ou barganha) 79
      7.7.1. Troca entre ascendentes e descendentes 79
      7.7.2. Despesas da troca 80
      7.7.3. Modelo de contrato particular de troca ou permuta   80

8. FRAUDE NAS ALIENAÇÕES IMOBILIÁRIAS 83
   8.1. Conceito de fraude 83
   8.2. Fraude na alienação de coisa própria 83
   8.3. Dos ônus sobre imóveis 84
   8.4. Recomendações sobre a corretagem 86
      8.4.1. Da comissão 86
      8.4.2. Contravenção Penal 87

9. DOS VÍCIOS NO NEGÓCIO IMOBILIÁRIO ... 89

9.1. Conceito de vício ... 89

9.2. Ato jurídico ... 89

9.3. Simulação ... 91

9.3.1. Simulação absoluta ... 92

9.3.2. Simulação relativa ... 92

9.4. Modelo de ação reivindicatória de imóvel ... 93

9.5. Modelo de ação anulatória de venda de imóvel de ascendente a descendente sem o consentimento dos demais ... 95

9.6. Modelo de pedido de suprimento da outorga uxória ... 97

10. PARTE PRÁTICA ... 99

AÇÕES MAIS COMUNS NA CORRETAGEM – MODELOS

10.1. Ação de cobrança de corretagem ... 99

10.2. Notificação judicial por atraso no pagamento ... 101

10.3. Ação rescisória de contrato ... 103

10.4. Ação anulatória de venda de imóvel ... 105

10.5. Adjudicação de imóvel a pedido do comprador ... 106

10.6. Adjudicação de imóvel a pedido do vendedor ... 108

10.7. Ação de evicção ... 110

10.8. Ação de remissão – imóvel hipotecado ... 111

10.9. Distrato por mútuo acordo ... 113

ANEXO – LEGISLAÇÃO ... 115

1. Código Civil – Lei nº 10.406, de 10.1.2002 (Excertos) ... 115

2. Lei nº 6.530, de 12.5.1978 – *Dá nova regulamentação à profissão de Corretor de Imóveis, disciplina o funcionamento de seus órgãos de fiscalização e dá outras providências* ... 116

3. Decreto nº 81.871, de 29.6.1978 – *Regulamenta a Lei nº 6.530, de 12 de maio de 1978, que dá nova Regulamentação à profissão de Corretor de Imóveis, disciplina o funcionamento de seus órgãos de fiscalização e dá outras providências* 123

4. Resolução COFECI nº 005, de 9.9.1978 – *Estabelece normas para o Contrato Padrão, previsto no art. 16, inciso VI, da Lei nº 6.530/1978* 134

5. Resolução COFECI nº 146, de 6.8.1982 – *Aprova o Código de Processo Disciplinar* 135

6. Resolução COFECI nº 315, de 13.12.1991 – *Fixa parâmetros para determinação de pena pecuniária aplicável às pessoas físicas e jurídicas que sejam autuadas e respondam a processos disciplinares* 153

7. Resolução COFECI nº 316, de 13.12.1991 – *Fixa parâmetros para determinação de pena pecuniária aplicável às pessoas físicas e jurídicas que sejam autuadas no exercício ilegal da profissão* 154

8. Resolução COFECI nº 326, de 25.6.1992 – *Aprova o Código de Ética Profissional dos Corretores de Imóveis* 156

9. Resolução COFECI nº 1.168, de 9.4.2010 – *Dispõe sobre os procedimentos a serem observados pelas pessoas jurídicas que exerçam atividades de promoção imobiliária ou compra e venda de imóveis, para cumprimento das obrigações consignadas na Lei nº 9.613, de 3 de março de 1998 e subsequentes alterações* 160

REFERÊNCIAS 169

OBRAS DO AUTOR 173

1
CORRETAGEM

O Código Civil, Lei nº 10.406, de 10 de janeiro de 2002, introduziu, no Capítulo XIII, o contrato de corretagem ou de mediação como contrato típico e nominado.

Estabelece o art. 722 do Código Civil que:

> Pelo contrato de corretagem, uma pessoa, não ligada a outra em virtude mandato, de prestação de serviços ou por qualquer relação de dependência, obriga-se a obter para a segunda um ou mais negócios, conforme as instruções recebidas.

O antigo Código Civil, Lei nº 3.071, de 1º de janeiro de 1916, não contemplava a figura da Corretagem; apenas o Código Comercial, em seus arts. 37 a 67, regulava a matéria dos corretores. A matéria regulada pelo Código Comercial se prendia aos atos do comércio. O Corretor, nesse caso, era considerado agente auxiliar do comércio.

Atualmente, regulada pelo Código Civil de 2002, a Corretagem se prende, fundamentalmente, *a negócios e atos imobiliários*, não se confundindo com a prestação de serviços, com o mandato ou mesmo com outro contrato em que haja relação de subordinação ou dependência.

1.1. CONCEITO DE CORRETAGEM

A corretagem nada mais é do que um contrato de mediação, aproximando as partes interessadas numa transação. Na mediação dos negócios, o corretor recebe uma comissão, previamente contratada, especialmente na compra e venda, permuta, aluguel de imóveis etc. Em linhas gerais, a corretagem é a intermediação de negócios.

A matéria que iremos desenvolver está afeta ao Código Civil, independentes das transações comerciais, em que os comerciantes ou particulares ajustam a compra e venda de mercadorias ou títulos.

1.2. NATUREZA JURÍDICA DA CORRETAGEM

Muito controvertida foi a matéria da corretagem, quanto à sua natureza. Para uns, era, a corretagem, nada menos do que um mandato; para outros, prestação de serviços e, finalmente, outros consideravam-na como um contrato *sui generis* de natureza especial, inconfundível. Atualmente, com o Código Civil, Lei nº 10.406, de janeiro de 2002, a natureza jurídica apresentou-se definida (nos arts. 722 e seguintes) e com a regulamentação da profissão de corretor de imóveis – Lei nº 6.530, de 12 de maio de 1978, regulamentada pelo Decreto nº 81.871, de 29 de junho de 1978, que em seu art. 5º estabelece que:

> Somente poderá anunciar publicamente o Corretor de Imóveis, pessoa física ou jurídica que tiver contrato escrito de mediação ou autorização escrita para alienação do imóvel anunciado.

E o Código Civil, em seu art. 729, estabelece que:

> Os preceitos sobre corretagem constante deste Código não excluem a aplicação de outras normas da legislação especial.

Como vimos, a corretagem está subordinada ao Código Civil e a leis especiais. Mas a corretagem, que é gênero, não está somente afeta aos imóveis, que é uma de suas espécies, podendo se estabelecer em outros negócios e aí, por certo, não estará vinculada à Lei nº 6.530, de 12.5.1978, e ao Decreto nº 81.871, de 29.6.1978, que tratam da matéria exclusivamente relativa a imóveis.

A corretagem poderá ser sobre venda de títulos em geral, de autos, gado, móveis etc.

1.3. Natureza jurídica do contrato

Chegamos à conclusão de que a corretagem se caracteriza como um contrato *sui generis*, com característica própria. É um pacto inconfundível com os demais. Tem uma feição peculiar, destituída de forma especial e, geralmente, nascido em momento especial. Trata-se de uma obrigação de resultado. Conforme se vê pela parte final do art. 722 do Código Civil, o corretor se obriga perante o comitente a obter um ou mais negócios, conforme as instruções recebidas. E o art. 5º do Decreto nº 81.871, de 29.6.1978, estabelece que somente poderá proceder à mediação, o corretor que tiver contrato escrito ou autorização escrita para a alienação do imóvel. Alguns tribunais têm exigido prova escrita para as transações imobiliárias, seguindo assim, a disposição legal.

Outros tribunais têm dado cobertura para as transações de corretagem sem o devido contrato ou autorização por escrito; esta não é a melhor doutrina, pois a lei é a fonte de aplicação do direito por excelência.

1.4. Corretor de imóveis

O termo corretor vem do verbo "correr", significando o que anda, procura ou agencia. Corretor é toda pessoa física ou jurídica, devidamente registrada no Conselho Regional de Corretores de Imóveis, nos termos da legislação atual, que serve de intermediário entre vendedor e comprador. São pessoas mediadoras capacitadas, com a finalidade precípua de aproximar vendedor e comprador numa operação imobiliária. O corretor de imóveis é, pois, a pessoa que procura negócio imobiliário, quer vendendo, trocando, locando, servindo de intermediário entre as partes. Existem outras espécies de corretores como de autos, de mercadorias, de bolsa de valores, móveis etc.

Estabelece o art. 723 do Código Civil que:

> Art. 723. O corretor é obrigado a executar a mediação com diligência e prudência, e a prestar ao cliente, espontaneamente, todas as informações sobre o andamento do negócio. (*Art. 723, caput, com redação dada pela Lei nº 12.236/2010*)
>
> Parágrafo único. Sob pena de responder por perdas e danos, o corretor prestará ao cliente todos os esclarecimentos acerca da segurança ou do risco do negócio, das alterações de valores e de outros fatores que possam influir nos resultados da incumbência. (*Parágrafo único acrescido pela Lei nº 12.236/2010*)

1.5. DO EXERCÍCIO DA CORRETAGEM

O exercício da profissão de Corretor de Imóveis somente é permitido às pessoas que forem registradas nos Conselhos Regionais de Corretores de Imóveis (CRECIs), de acordo com a Lei nº 6.530 de 11.5.1978 e Decreto nº 81.871 de 29.6.1978, o qual estabelece:

> Art. 1º. O exercício da profissão de Corretor de Imóveis, em todo o território nacional somente será permitido:
>
> I – ao possuidor de título de Técnico em Transações Imobiliárias, inscrito no Conselho Regional de Corretores de Imóveis de sua jurisdição; ou
>
> II – ao Corretor de imóveis inscrito nos termos da Lei nº 4.116, de 27 de agosto de 1962, desde que requeira a revalidação de sua inscrição. [Lei nº 4.116/1962 revogada pela Lei nº 6.530/1978]

1.6. Função do corretor de imóveis

O Corretor de Imóveis, como mediador, serve aos contratantes como aproximador na realização de um negócio, seja motivando, ajustando acordo, acertando preço e no preparo da documentação para a realização do negócio. Não é necessário, na sua função, o fechamento do negócio, basta a aproximação das partes e o consenso de ambas na aceitação do negócio. O fechamento do negócio, bem como a preparação da documentação, é atributo dos contratantes. A parte que contratou o Corretor de Imóveis para sua mediação, se quiser que o Corretor trate dos documentos, deverá constar do contrato de mediação de forma expressa.

Cabe ao Corretor de Imóveis atender, com zelo, seus clientes, de forma cordial, conhecer o perfil e oportunidade do mercado imobiliário. Dentre suas funções mais específicas estão as de vender, alugar e administrar imóveis, conhecendo as disposições legais. Sua função básica reside no servir de intermediário, aproximando os contratantes para o fechamento do negócio.

1.7. Da relação empregatícia

O Corretor é um trabalhador autônomo, mas isso não impede de ser empregado. Para que seja considerado empregado há de estar enquadrado no art. 3º da Consolidação das Leis do Trabalho (CLT) que assim estabelece:

> Considera-se empregado toda pessoa física que prestar serviços de natureza não eventual a empregador, sob dependência deste e mediante "salário".

O Corretor como trabalhador autônomo não está sob a dependência do empregador nem sob sua subordinação. Ele exerce o seu mister com liberdade e suas obrigações decorrem do contrato de prestação de serviços, correndo por sua conta e risco toda atividade de seu empreendimento que poderá surgir satisfatoriamente ou não, já que ao trabalhador assalariado ou empregado são aplicadas as normas trabalhistas e as divergências entre o corretor e o contratante são dirimidas pela Justiça Comum e não pela Justiça do Trabalho, a não ser que seja ele empregado.

Devemos notar que o Corretor de Imóveis exerce sua atividade autônoma, independent de fixação de horários, de recebimento de salários e não fica sob a subordinação de quem quer que seja. Ele exerce o seu ofício o dia que quiser, onde desejar, e recebe comissão pele negócio realizado.

O importante é que o Corretor há de estar inscrito no CRECI, pois o exercício da profissão de corretor de imóveis será permitido ao possuidor de título de técnico em transações imobiliárias.

Esclarecemos mais uma vez que o Corretor de Imóveis deve sempre contratar seus serviços por meio de contratos escritos para não correr o risco de não receber a sua comissão.

1.8. DA REMUNERAÇÃO DO CORRETOR

Estabelece o art. 724 do Código Civil que:

> A remuneração do corretor, se não estiver fixada em lei, nem ajustada entre as partes, será arbitrada segundo a natureza do negócio e os usos locais.

A remuneração, também conhecida por corretagem ou comissão, deverá estar firmada no contrato entre as partes. Mas se for omisso, o contrato, quanto ao seu percentual, poderão os contratantes se valerem da tabela oferecida pelo Conselho Regional de Corretores de Imóveis – CRECI – ou será arbitrada segundo a natureza do negócio e os usos locais.

O Corretor, como qualquer profissional, deve seguir sempre um roteiro; traçar uma meta para atingir com sucesso seu objetivo ou ideal que é o de realizar um negócio ou corretagem. Em breves pinceladas, sugerimos este comportamento para que o corretor de imóveis tenha sucesso:

1º) O bom profissional, antes de mais nada, deve conhecer o ramo de seu negócio em todos os seus aspectos. Assim, o corretor deve estar bem informado no campo de sua atividade ou imobiliário. Deve conhecer bem o objeto ou imóvel com que está trabalhando, a fim de não ser surpreendido com perguntas que não poderá responder, correndo o risco de perder o negócio por falta desta informação. Ter ampla visão do mercado, saber distinguir com segurança, a boa mercadoria da má mercadoria. Ser sincero, apresentando a melhor mercadoria ao comprador. Saber avaliar, usando sempre que puder dados técnicos, informações cartorárias sobre preços etc. Saber dar informações com segurança quanto à localização, informando quanto à zona, quanto à possibilidade de desapropriações, vias de acesso, transportes, escolas, vizinhos, distâncias dos centros principais da cidade, comércio em geral, ruas, praças, igrejas, clubes etc. Saber analisar quanto à topografia, idade da construção, acabamento, material empregado. Saber comparar preço com os demais, nas mesmas condições e praças diferentes.

2º) Tendo, o corretor, pleno conhecimento do objeto a negociar terá muita facilidade para o êxito do negócio, pois, saberá, na certa, contornar os obstáculos, por ventura surgidos.

3º) O bom profissional deverá ser sempre uma pessoa cordial. Não deve se apresentar ao cliente mal-humorado. O Comprador é a peça mais importante nas transações imobiliárias: deve ser tratado com o máximo respeito. Evitar, quando estiver tratando de um negócio, conversar sobre assuntos diferentes ou divagar em assuntos alheios ou prejudiciais ao negócio. A objetividade é uma grande arma do corretor e a sinceridade é a da maior confiança. E, na confiança, reflete a segurança do negócio. Deve, ainda, o corretor, usar de uma linguagem simples, mas séria, usando termos corretos referentes ao assunto de que está tratando. Saber ser tolerante, pois, nem sempre todos os compradores apresentam o mesmo perfil. Uns são do tipo apressados, nervosos ou tímidos, outros, exigentes nos mínimos detalhes e informações. O corretor deve ser sempre uma pessoa paciente. Deve ter o temperamento controlado para obter sucesso. Quando estiver negociando um imóvel ou objeto, deverá estar em local privativo, longe de pessoas palpiteiras e que ofereça tranquilidade ao comprador, isto é, em parte reservada de seu escritório ou imobiliária ou até mesmo em sua residência. Evitar sempre interferências de terceiros, estes querendo ajudar numa transação, dando opiniões sem o devido conhecimento, atrapalham por desconhecerem o ramo.

Antes de entrar diretamente no negócio, o corretor deve fazer uma triagem discreta e sincera sobre o comprador. Saber da modalidade do negócio, se é à vista ou a prazo. Quando deseja obter o objeto ou o imóvel. Verificar, de forma bem discreta, se está em condições de fazer o negócio no momento. Indagar do tipo do objeto desejado, do preço, da localização etc. Tal verificação é de muita importância, pois há muitos pseudocompradores ou compradores que procuram corretores ou imobiliárias apenas por deleite, passatempo ou curiosidades, tomando tempo do corretor que gasta dinheiro com combustível em sua condução.

1.9 Conclusão do negócio

Estabelece o art. 725 do Código Civil que:

> A remuneração é devida ao corretor uma vez que tenha conseguido o resultado previsto no contrato de mediação, ou ainda que este não se efetive em virtude de arrependimento das partes.

Decidindo o comprador pela realização do negócio, o corretor deverá aproximá-lo do vendedor imediatamente, preparar a documentação apropriada – que deverá já estar pronta para os exames – e fechar o negócio. Caso não seja à vista, colher um sinal ou arras para a garantia do negócio ou, ainda, preparar os contratos, escrituras de compromisso ou definitivas para que não surjam obstáculos que venham a impedir ou adiar o negócio. Adiar o negócio não é de bom alvitre. Muitas vezes, o comprador está entusiasmado ou radiante com a compra, mas, no outro dia, por várias razões, poderá estar com o ânimo diferente, face às várias opções de escolha, preços, vindo a desfazer do negócio. Negócio fechado, documentação na mão para a execução do negócio. Não deixe para amanhã, o negócio que pode realizar hoje, nem que, por isso, avance do horário habitual. Por isso, o corretor zeloso deve estar sempre com a documentação e opção (contrato) em mãos, para a pronta execução do negócio. É sempre aconselhável que o corretor estipule, na opção ou contrato, uma cláusula que o autorize a receber um sinal ou arras, como princípio de pagamento. Para validade desta cláusula, o corretor deverá ter a opção ou contrato de forma exclusiva e sempre com autorização do outro cônjuge se o vendedor for casado. Esta cláusula de opção com exclusividade, quando o corretor a tem, lhe dá garantias e evita que terceiros corretores venham efetuar o mesmo negócio, na mesma data.

Uma vez logrado êxito no acordo entre as partes, a remuneração será devida, mesmo que haja desistência de uma das partes, pois a função do corretor restou-se aperfeiçoado. O art. 725 do Código Civil é taxativo em sua parte final, estabelecendo que a remuneração é devida ainda que a mediação não se efetive em virtude de arrependimento das partes.

As alterações das condições do negócio não suprime o direito do corretor em receber sua remuneração.

Estabelece o art. 726 do Código Civil que:

> Iniciado e concluído o negócio diretamente entre as partes, nenhuma remuneração será devida ao corretor; mas se, por escrito, for ajustada a corretagem com exclusividade, terá o corretor direito à remuneração integral, ainda que realizado o negócio sem a sua mediação, salvo se comprovada sua inércia ou ociosidade.

Isso implica em dizer que o corretor deverá estar sempre munido do contrato e com exclusividade para o exercício de seu mister.

O corretor, para atingir seu objetivo, investe em propagandas, anúncios em rádios e televisões para o pleno conhecimento do público acerca do negócio que está propondo. E não seria justa, a exclusão do corretor, caso as partes concluam o negócio diretamente, a não ser que haja inércia ou ociosidade do corretor. O corretor fará jus à comissão se o negócio for concluído após o vencimento do lapso temporal previsto na autorização ou contrato.

Isso evita que os contratantes, de forma fraudulenta, façam contratos, às escondidas, para elaboração de escrituras em datas posteriores, a fim de escusarem-se do pagamento da comissão devida ao corretor que investiu em propagandas.

Assim estabelece o art. 727 do Código Civil:

> Se, por não haver prazo determinado, o dono do negócio dispensar o corretor, e o negócio se realizar posteriormente, como fruto da sua mediação, a corretagem lhe será devida; igual solução se adotará se o negócio se realizar após a decorrência do prazo contratual, mas por efeito dos trabalhos do corretor.

Pelo que vimos no artigo acima, a influência do corretor, com a divulgação do negócio e diante de um resultado útil obtido, mesmo que sua dispensa tenha sido realizada antes do efetivo negócio, terá ele o direito a corretagem ou comissão. Os atos de intermediação, por parte do corretor, sempre refletem na conclusão do negócio (art. 884 a 886 do CC).

Contempla o art. 728 do Código Civil que:

> Se o negócio se concluir com a intermediação de mais de um corretor, a remuneração será paga a todos em partes iguais, salvo ajuste em contrário.

O que o Código quis dizer sobre a conclusão por mais de um corretor é a iniciativa, gestões e atuações de cada um dos corretores na conclusão do negócio. Nesse caso, se a ultimação do negócio for por outro corretor, mas as gestões pertencem ao primeiro corretor, opera-se o princípio da proporcionalização entre a participação deste e a comissão a lhe ser paga. Implica a figura da comissão parcial devida ao corretor que não concluiu o negócio, mas atuou como uma concausa eficiente para sua conclusão e êxito do negócio.

1.10. Obrigações do corretor de imóveis

Uma das principais obrigações do corretor de imóveis é estar devidamente credenciado e legalmente habilitado, isto é, inscrito no Conselho Regional de Corretores de Imóveis – CRECI. Executar a mediação com diligência e prudência. Agir com o máximo de sua aptidão para o mais rápido andamento da intermediação, cumprindo as determinações recebidas com toda a presteza, a fim de não ocasionar prejuízos às partes, por sua negligência. Prestar, ao cliente, todas as informações exigidas que tiver ao seu alcance, bem como informar, espontaneamente, sobre os riscos e segurança do negócio. Acompanhar a transação em todos os seus atos, prestando informações. Guardar sigilo nas negociações, sob pena de responder pelos prejuízos causados aos contratantes pela leviandade e culpa (art. 186 do CC).

1.11. DIREITOS DO CORRETOR

Uma vez realizado o negócio ou a transação, fará jus, o corretor, à remuneração que motivou a sua intervenção.

A transação fica plenamente realizada quando as partes ficam em situação de não poderem se arrepender do negócio. Havendo o cabal fechamento do acordo, se uma das partes arrepender-se do negócio, cabe à outra parte o direito de exigir indenização pelo inadimplemento do contrato. Em se tratando de mera tentativa de negócio, que não chegou a se formalizar, não cabe a corretagem. Não tendo o intermediário conseguido acertar a vontade do comprador à do vendedor, não se realizando a mediação, não assiste, ao corretor, direito a qualquer remuneração. A simples aproximação, do comprador ao vendedor, não é suficiente para que o corretor tenha direito à comissão; é necessário que os contratantes acordem nas condições do negócio, ainda que mais tarde desfeito por um deles. Para ter direito à remuneração ou comissão, é mister que se prove que entre as partes se formou o vínculo jurídico sobre o negócio. Havendo sinal ou arras para firmar o negócio, tem, o corretor, o direito de receber sua comissão.

Acontece que, frequentemente, o negócio deixa de se realizar malgrado o vínculo entre os contratantes, em virtude de qualquer escusa do vendedor ou do comprador. Neste caso, o não pagamento da comissão, por parte do vendedor, é injusto, é a consagração funesta da jactura alheia. Se a parte simula o abandono do negócio para fraudar o direito de comissão do corretor, está obrigada a pagar a comissão em sua integralidade. A lei não auxilia a fraude. A prova da mesma incumbe ao corretor.

Concluindo, o fechamento do negócio é, pois, condição indispensável para que o corretor possa exigir a corretagem, embora não seja efetivamente executado, ou seja, mais tarde, rescindido ou desfeito.

Direito de real importância ao corretor de imóveis é o de executar sua missão dentro da sua mais ampla liberalidade, podendo, para isso, usar de todos os meios de propaganda, utilizando serviços de terceiros, desde que não haja proibição contratual. O corretor que utilizar dos serviços de terceiros, que o auxiliarem no exercício de suas funções, responderá pelas faltas cometidas pelos mesmos.

O direito ao contrato de corretagem é, para o corretor, um dos mais importantes, pois, sem o contrato ou opção que estipulem as condições a serem executadas, o corretor, pouca garantia, tem de ver satisfeita a sua comissão. É pelo contrato de corretagem que o corretor assume a responsabilidade pelas negociações e o vendedor fica obrigado ao cumprimento do que foi proposto, evitando-se, assim, a má-fé ou incorrer em erros ou estipulações mal formuladas.

Atualmente, pela Lei nº 6.530/1978 e pelo Decreto nº 81.871/1978, para o pleno exercício da corretagem, torna-se obrigatório o contrato escrito de mediação ou autorização escrita (art. 5º do Decreto nº 81.871/1978). Sem o referido contrato ou autorização para alienação, o corretor não poderá anunciar ou vender os imóveis.

1.12. DA COMISSÃO

Os valores a que faz jus o corretor de imóveis, pela execução de seus serviços profissionais ou corretagens, são fixados pelos órgãos competentes como o Conselho Regional de Corretores de Imóveis – CRECI – por meio de tabelas que estipulam os percentuais das comissões que aumentam, conforme a localização do imóvel – se rural ou urbano, se trata de loteamentos etc. Mas a lei não proíbe que se ajustem no contrato, percentuais diferentes da tabela do CRECI.

1.13. Exercício ilegal da profissão

A atual Constituição de 1988, em seu art. 5º, inciso XIII, estabelece que é livre o exercício de qualquer trabalho, ofício ou profissão, atendidas as qualificações profissionais que a lei estabelecer. A Lei nº 6.530/1978 dá regulamentação à profissão de Corretor de Imóveis, determinando que o exercício, no território nacional, é regido pelo disposto na presente lei, sendo exclusividade de quem for titular de Técnico em Transações Imobiliárias.

Portanto, aquele que não estiver devidamente inscrito no Conselho Regional de Corretores de Imóveis – CRECI – e que vier a praticar atos privativos de Corretor de Imóveis, estará incurso no art. 47 da Lei das Contravenções Penais, pelo exercício ilegal da profissão. A lei prevê duas modalidades de infração: exercer a profissão e anunciar que a exerce. O simples anúncio de que exerce a profissão já consumará a contravenção.

Diariamente vemos, pelos jornais, as inspeções efetuadas pelo Conselho Regional de Corretores de Imóveis – CRECI – lacrando imobiliárias e processando corretores que praticam ilegalmente a corretagem.

1.14. Podem, os advogados, intermediar vendas de imóveis?

Mesmo os advogados, embora inscritos na OAB, devidamente qualificados, não poderão atuar como intermediários na venda de imóveis, sem o devido registro no Conselho Regional de Corretores de Imóveis – CRECI – conforme ficou decidido pela OAB Federal, durante a realização do Ciclo de Estudos sobre Direito Agrário, Condomínio e Legislação específica da profissão de Corretor de Imóveis, promovido pelo CRECI – 12ª Região, em Belém (Ver COFECI, ano 1, nº 2, jan./mar. 1980).

Dentro da área imobiliária, a função do advogado prende-se, principalmente, como consultor no exame do aspecto jurídico da transação, elaborando documentos, examinando-os, fazendo jus a honorários por esses serviços. Caso o advogado queira exercer a função do corretor, é necessário atender às exigências da lei acima referida, Lei nº 6.530, de 12.5.1978 e sua regulamentação.

1.15. Cobrança judicial da comissão

Muito se tem discutido sobre a ação própria para a cobrança de comissão, oriunda de corretagem. Embora a corretagem venha alicerçada em contrato escrito ou opção, vários tribunais não reconhecem a execução, fundada em título extrajudicial, para recebimento da comissão devida. No atual Código de Processo Civil, no seu art. 275, II, alínea "f", está previsto o rito sumário para cobrança de honorários dos profissionais liberais, ressalvado o disposto em legislação especial. O Código fala em profissões liberais e refere-se a honorários. A comissão está equiparada a honorários? Se a interpretação for ao pé da letra, podemos entender que a comissão é sinônimo de honorários, que é a remuneração pecuniária de serviços prestados por aqueles que exercem profissão liberal. Em suma, honorários são os vencimentos devidos aos profissionais liberais. Se assim for entendido, o rito será mesmo o do art. 275, II, alínea "f", do Código de Processo Civil, procedimento sumário. Poderá, facultativamente, utilizar-se do Juizado Especial Cível, desde que não ultrapasse os 40 (quarenta) salários mínimos (Lei nº 9.099/1995, art. 3º, II). Após a Lei nº 10.259/2001, alguns doutrinadores entendem que este valor subiu para 60 (sessenta) salários mínimos (art. 3º, *caput*, da Lei nº 10.259/2001).

1.16. Infração disciplinar

Dentre as infrações disciplinares impostas ao Corretor de Imóveis, está a de somente poder anunciar o corretor que estiver apoiado em contrato escrito de mediação ou autorização escrita para negociação do imóvel anunciado. (art. 38, IV, do Decreto n° 81.871/1978).

O inciso IV do art. 38 do referido decreto, refere-se a documento escrito, enquanto em seu art. 5° estabelece que somente poderá anunciar publicamente o corretor de imóveis, pessoa física ou jurídica, que tiver contrato escrito de mediação ou autorização escrita para alienação do imóvel anunciado. Conforme se infere do art. 38 do referido decreto, não basta estar autorizado por meio de documento escrito, é necessário – além da autorização para o anúncio – que a autorização seja também para a venda.

Veja na Legislação Complementar as Resoluções COFECI n° 146, de 6.8.1982, que aprova o *Código de Processo Disciplinar* e a n° 326, de 25.6.1992 que aprova o *Aprova o Código de Ética Profissional dos Corretores de Imóveis*.

1.17. Do corretor como incorporador

Para atuar como Incorporador, o Corretor de Imóveis precisa receber mandato expresso do proprietário do terreno, ou quem de direito. A Lei n° 4.591/1964, em seu art. 31, estabelece que:

> A iniciativa e a responsabilidade das incorporações imobiliárias caberão ao incorporador, que somente poderá ser: (...)
> b) o construtor ou o corretor de imóveis; (...).

A outorga de instrumento público é indispensável onde se faça menção expressa e, obedecendo à lei acima, se transcreva o § 4º do art. 35, para concluir todos os negócios tendentes à alienação das frações ideais de terreno, mas se obrigará pessoalmente pelos atos que praticar na qualidade de incorporador.

1.18. Contrato de corretagem

Embora, na prática, o contrato de mediação venha sendo redigido de improviso, de acordo com os usos e costumes, pois sem disciplina no Código Civil, a Lei nº 6.530, de 1978, em seu art. 16, VI, estabelece que compete ao Conselho Federal elaborar contrato padrão para os serviços de corretagens de imóveis, de observância obrigatória pelos inscritos. Surge, assim, o contrato padrão que traz consigo a imperatividade dos preceitos, o que classifica entre os contratos normativos.

Sem o contrato escrito, não pode, o corretor, anunciar o negócio, objeto da corretagem. Para anunciar como corretor de imóveis, necessita do consentimento, por escrito, do proprietário, nos termos legais, conforme estabelece o art. 16, VI, da Lei nº 6.530/1978, por meio de contrato padrão, de observância obrigatória.

1.19. Modelo de contrato padrão

Vide, na Legislação Complementar, a Resolução COFECI nº 5, de 9 de setembro de 1978, que estabelece normas para o Contrato Padrão, previsto no art. 16, inciso VI, da Lei nº 6.530/1978.

De uso obrigatório

Contrato de Locação de Serviços
Venda de Imóvel

Pelo presente contrato, de um lado (...) (pessoa física ou jurídica – qualificar), com inscrição no CRECI sob nº (.../...) e de outro lado (...) (qualificação) contratam, mediante as cláusulas e condições seguintes:

O Segundo dos acima qualificados, doravante denominado simplesmente VENDEDOR contrata a prestação de serviços profissionais do primeiro dos acima qualificados, doravante denominado simplesmente CORRETOR (ou EMPRESA CORRETORA etc.), com exclusividade, para promover a venda e fechar negócio do imóvel abaixo descrito: (...) (descrever o imóvel com suas características e confrontações, registros etc.) pelo preço de R$ (...) (por extenso), À VISTA ou por R$ (...) (por extenso), mediante as seguintes condições (...) (especificar as condições).

OBRIGANDO-SE:

1ª) A não tratar da venda diretamente ou por intermédio de outrem durante o prazo de (...) (por extenso os dias), contados desta data.

Parágrafo único. Após o vencimento do prazo previsto no artigo antecedente, ocorrendo a hipótese de se efetivar a transação com a pessoa indicada pelo CORRETOR, dentro do prazo de validade do presente instrumento, a remuneração constante da cláusula 2ª subsistirá até o prazo de seis (6) meses, contados do vencimento do prazo de validade previsto na cláusula 1ª deste contrato.

2ª) A pagar pela mediação, no ato do recebimento do sinal ou, se não houver, na assinatura da Escritura de Promessa ou Definitiva de Compra e Venda, a percentagem de (...)% (por extenso) sobre o preço pelo qual a venda for efetuada.

3ª) A pagar a remuneração acima se, mesmo fora do prazo, a venda do imóvel for efetuada a comprador apresentado pelo referido CORRETOR, ou alguém com quem haja iniciado as negociações.

4ª) A referendar qualquer venda feita dentro das condições mínimas retroespecificadas, bem como dar por firme e valioso qualquer sinal de negócio recebido, que o CORRETOR fica, desde já, expressamente autorizado a receber e do mesmo passar recibo.

5ª) O Corretor poderá usar de todos os meios de propaganda, colocar placa ou faixa no imóvel, podendo utilizar dos serviços de terceiros corretores de imóveis, podendo, para tanto, outorgar opção de venda, para o referido imóvel, objeto deste contrato, por prazo não superior ao do presente.

6ª) A eleger o foro de (...) para dirimir quaisquer dúvidas referentes a este contrato.

Assinam o presente contrato em (...) vias de igual teor, na presença de duas testemunhas que dele conhecimento tiveram.

Local e data

_____

Corretor

_____

Vendedor

TESTEMUNHAS

1._____

Nome e qualificação

2._____

Nome e qualificação

Nota: Reconhecer as firmas acima.

2

Operações imobiliárias

Várias são as formas em que se operam as transações imobiliárias. A propriedade imóvel, em todos os tempos, foi objeto das mais variadas espécies e a que mais origem deu a sérias ações judiciais pela falta de cautelas ou inobservância dos preceitos legais.

Atualmente, quase toda pessoa deseja ser titular de uma propriedade imóvel e em função do grande desenvolvimento dos negócios imobiliários e ao variado estilo de negócios, cresceu a possibilidade de erros, vícios e fraudes nas transações imobiliárias. Várias consequências poderão advir de um negócio mal feito ou mal entabulado, principalmente se as partes têm pouco conhecimento da área em que estão operando.

2.1. Operações imobiliárias por meio de corretores

Um bom negócio, para ser bem iniciado, ser bem concluído e evitar desentendimentos futuros, deve obedecer às exigências legais e às regras sobre seus documentos, a fim de dar toda segurança; e isso somente poderá ser feito por profissional do ramo e advogados especializados que são os indicados para atuarem na área.

A exigência de uma segura análise de todos os documentos é condição essencial à segurança, existência, validade e eficácia das transações imobiliárias. Não basta a autenticidade dos documentos, a escolha de um bom cartório, estar sendo assessorado por pessoa honesta ou correta. Na feitura de um bom negócio, é necessário, sobretudo, conhecer a vida de toda documentação, analisá-la perante a lei e descobrir as consequências que poderão advir em função de falhas ou erros.

2.2. COMO DEVEM PROCEDER OS CORRETORES

Ao iniciar uma operação imobiliária, devem os corretores, sem qualquer constrangimento, exigir das partes ou proceder:

a) Identificação

As partes devem exibir seus documentos pessoais necessários a toda operação imobiliária, a fim de prevenir certos enganos, como estar principiando um negócio com um menor, o que será passível de anulação ou de ser nulo de pleno direito. Se o vendedor declarar ser solteiro, viúvo, separado ou divorciado, deverá apresentar documento comprovando seu estado. Caso contrário, se casado for, obrigatória será a outorga uxória, sob pena de nulidade. Se o vendedor for pessoa jurídica, deverá, a empresa, apresentar certidões atualizadas fornecidas pela Junta Comercial, dos estatutos ou, se for civil, a sociedade, apresentar certidão do Cartório de Títulos e Documentos – todavia, aconselha-se a pesquisar junto à Justiça do Trabalho, a fim de evitar com que se adquira imóvel que esteja penhorado, ou na iminência de ser penhorado por dívida trabalhista. Ainda, se se tratar de pessoas desquitadas, separadas judicialmente ou divorciadas, verificar o CPF e RG se estão atualizados, com os nomes corretos.

b) Titularidade

O Corretor deverá conferir se o nome do vendedor é o mesmo dos documentos apresentados como: escrituras, certidões dos Cartórios de Registro, Prefeitura etc., referente ao imóvel. Se o título da propriedade estiver em nome de terceiros, que não o vendedor, procurá-lo a fim de colher o seu consentimento ou providenciar a transferência para o nome do vendedor.

c) Procuradores

Nas vendas feitas por meio de procuradores, deverá o corretor verificar se a procuração ainda está em plena vigência, se tem poderes de venda, se tem poderes de receber sinal e princípio de pagamentos, assinar recibos, dar quitação, assinar escrituras etc. A fim de não cair em erro ou fraude, a melhor medida é tirar uma certidão no Cartório onde a procuração foi elaborada para saber de sua vigência.

d) Conhecer o imóvel

Uma das mais importantes obrigações do corretor é visitar o imóvel, se possível, antes de qualquer negociação. Não é suficiente conhecer o imóvel por meio de mapas, plantas ou fotos. A visita ao local faz com que o corretor conheça todas as circunstâncias que envolvem o imóvel, como: se está situado em local baixo e alagadiço; se está encostado a barrancos ou morros sujeitos a desmoronamentos; se está situado em rua sem calçamento, sem esgoto, água, luz, telefone; se está situado próximo a oficinas "barulhentas" ou poluidoras; se o imóvel se apresenta em bom estado de conservação; se não tem rachaduras, verificando o estado da pintura, portas, janelas, forros, vasos sanitários, fiação, pisos, azulejos, encanamentos; verificar quais os melhoramentos que o bairro possui como: escolas, comércio, igrejas, clubes, indústrias etc. Enfim, analisar toda uma gama de fatores que possam influir na negociação.

e) Terrenos ou lotes

Se se tratar de compra de um terreno ou lote, conferir suas medidas e, de preferência, pedir a demarcação, pois sua falta pode acarretar incertezas de localização ou ainda apresentar erros de vizinhos em suas demarcações.

f) Restrições urbanísticas

Verificar, na Prefeitura Municipal, as restrições para as construções como: recuo, área máxima para construção, de quantos pisos, altura dos prédios, se não está sujeito a desapropriação, se é zona residencial, mista ou industrial etc.

g) Apartamentos

Se se tratar de compra em prédio de apartamentos, o exame da compra de um apartamento deverá ser bem minucioso. Examinar toda documentação no Cartório de Registro de Imóveis, examinando a convenção de condomínio, estatutos, número de elevadores e seu funcionamento etc.

h) Preço

Antes de qualquer sinal ou quantia para o início do negócio, discutir o preço, despesas de escrituras, contratos, fazendo um levantamento das despesas nos Cartórios de Notas e Registros.

i) No Cartório de Registro

Verificar, no Cartório de Registro, se o imóvel está matriculado, transcrito ou em condições de ser matriculado, satisfazendo, assim, às exigências da Lei dos Registros Públicos – Lei nº 6.015/1973 e alterações posteriores.

j) Inquilinos ou ocupação

Verificar se o imóvel tem inquilinos ou ocupantes. Se tiver inquilino, a ele deve ser o imóvel oferecido preferencialmente por direito (art. 27 da Lei nº 8.245/1991). Em caso de ocupação, verificar a que título ocupa o imóvel, a fim de proceder ao pedido ou à reintegração de posse. No caso de inquilino, se ele não se interessar pelo imóvel, assinar termo de desistência ou notificá-lo para esse fim.

l) Retomada

No caso de inquilino no imóvel, a sua retomada dependerá de ação de despejo.

m) Recibos de sinal

O corretor deverá ter muita cautela, pois o documento que autoriza receber sinal ou princípio de pagamento deverá estar autorizado por ambos os cônjuges, se forem casados.

Não se esgotam, aqui, as cautelas preliminares a qualquer negociação sobre imóveis, eis que outras exigências poderão surgir, conforme a natureza do negócio.

3

Documentação imobiliária

3.1. Formalidades

Para as transações imobiliárias, a lei prevê formalidades essenciais, cuja inobservância pode acarretar a nulidade ou anulação do ato. Os atos imobiliários que criam, modificam ou extinguem direitos sobre imóveis, se materializam por meio de documentos, em sua maioria, obrigatórios por lei. É muito importante chamar a atenção para as operações imobiliárias tidas da mais alta relevância com relação às operações sobre imóveis em que o ato se consuma com a simples tradição que é a entrega do imóvel ao adquirente.

Para que as transações imobiliárias possam trazer certa segurança e tranquilidade aos que adquirem uma propriedade imóvel, é fundamental uma exigência rigorosa sobre a documentação indispensável a uma boa operação com imóvel.

Documentos mal redigidos, com cláusulas mal formuladas ou abusivas, inobservância de pormenores, falta de atenção e cuidado, omissão de certas certidões essenciais ao negócio, são causas de um mau negócio, sujeito a anulação e culminar em litígios judiciais.

Grande parte dos negócios é feita às pressas, às vezes, por economia de tempo ou dinheiro, sem se perceber que resultados danosos poderão acarretar aos contratantes, principalmente para o comprador que, por falta de paciência e cuidado, ao arrepio das normas mais elementares de direito, põe em risco um grande capital ou soma de dinheiro. Uma transação imobiliária exige um exame meticuloso da documentação para ser ultimada satisfatoriamente.

3.2. Documento e Instrumento

Importante é conhecer o significado dos termos "Documento" e "Instrumento". Qual a diferença?

Distingue-se o documento do instrumento porque aquele é forma escrita apenas dotada de relativa força probante, contribuindo para verificação dos atos; e o segundo é forma especial dotada de força orgânica para realizar ou tornar exigível um ato jurídico.

O documento pode abranger qualquer espécie de reprodução escrita como uma certidão, traslado, uma carta, um recibo, uma duplicata. Já o instrumento tem sentido mais restrito e é uma das espécies de documento. É uma forma especial de documento, pelo qual duas ou mais pessoas estabelecem uma relação jurídica, mediante forma escrita, por exemplo: uma procuração, um contrato etc.

3.3. Documento particular

É aquele que não exige solenidade especial e pode ser elaborado pelos contratantes, sem a intervenção do oficial público.

Conforme art. 221, *caput*, do Código Civil, o instrumento particular, feito e assinado, ou somente assinado por quem esteja na livre disposição e administração de seus bens, prova as obrigações convencionais de qualquer valor; mas os seus efeitos, bem como os da cessão, não se operam, a respeito de terceiros, antes de registrado no registro público.

Para plena validade do documento ou instrumento particular é importante o reconhecimento das assinaturas das partes, anuentes e testemunhas. O Código Civil não exige absolutamente o reconhecimento da firma para o valor probante do instrumento. Somente por segurança, caracterização ou fixação das datas, convém que as assinaturas sejam reconhecidas e, se possível, na presença do tabelião.

Para que o documento particular possa valer contra terceiros, é necessário o seu registro público.

A prova do instrumento particular pode suprir-se pelas outras de caráter legal (art. 221, parágrafo único, do Código Civil).

Os arts. 370 a 375 do Código de Processo Civil fixam algumas normas em relação aos documentos particulares.

Algumas advertências:

a) verificar se o documento está datado, pois a falta de data poderá acarretar, no futuro, sérias consequências;

b) verificar se o documento está antedatado ou pós-datado o que também poderá redundar em sérias consequências;

c) verificar se o documento não apresenta borrões, entrelinhas, cancelamento etc. Em tais casos, é imprescindível a ressalva para a plena validade;

d) não assinar documentos em branco, principalmente notas promissórias, contratos etc., pois estes poderão ser preenchidos abusivamente e com sérios prejuízos para aqueles que assinarem em branco.

O telegrama, o radiograma ou qualquer outro meio de transmissão têm a mesma força probante do documento particular, desde que o original constante da fonte expedidora seja assinado pelo remetente.

3.4. Documento público

Documentos públicos são aqueles elaborados por serventuários públicos, como notários, tabeliães, oficiais públicos etc. e, segundo certas formalidades legais, exigidas para sua autenticidade e legalidade. É ato solene e tem presunção total, fé pública e deverá ser inscrito em livros próprios que serão conservados e guardados *ad perpetuam*.

Quase todos os atos translativos de direitos reais sobre imóveis exigem escritura pública, tais como: direitos hereditários, doação, permuta, usufruto, hipoteca etc.

O formalismo, a solenidade, a publicidade, a legalidade são elementos intimamente ligados aos atos públicos e também à grande parte dos negócios imobiliários.

Os atos praticados por tabeliães (certidões e translados) sob fé pública, fazem prova plena para todos os efeitos legais, tendo a mesma validade que os documentos originais, segundo estipula o Código Civil em seus arts. 216, 217 e 218.

É importante saber que é indiferente a situação territorial dos bens que se transacionam, os quais podem pertencer a qualquer circunscrição imobiliária do País. Assim, poderá ser feita uma escritura em qualquer parte do País, em qualquer cartório. Mas o registro haverá de ser feito na circunscrição ou localidade onde se encontra o imóvel.

No preparo dos documentos imobiliários, o Código de Processo Civil oferece verdadeira advertência sobre como se deve proceder em relação aos documentos. Por exemplo, o art. 366 é incisivo: *Quando a lei exigir, como da substância do ato, o instrumento público, nenhuma outra prova, por mais especial que seja, pode suprir-lhe a falta.* O art. 367 estabelece que o documento, feito por oficial público incompetente, ou sem a observância das formalidades legais, sendo subscrito pelas partes, tem a mesma eficácia probatória do documento particular.

3.5. Falsidade de documento

As entrelinhas, emendas, borrões ou cancelamento, conforme já foi dito, deverão ter ressalva, sob pena de invalidade. Sua validade será posta em apreciação pelo Juiz, com maior liberalidade.

O documento perderá sua fé, seja público ou particular, e sua falsidade será declarada judicialmente em duas hipóteses: *a)* se lhe for contestada a assinatura e enquanto não se lhe comprovar a verdade; *b)* se, assinado em branco, for abusivamente preenchido. O ônus da prova, neste caso, cabe à parte que arguir.

4

DOCUMENTOS NECESSÁRIOS NAS TRANSAÇÕES IMOBILIÁRIAS

Os documentos, em seguida apresentados, não têm caráter absoluto, apenas dão maior tranquilidade e segurança ao comprador bem como credibilidade ao trabalho do corretor. Nas transações imobiliárias, dependendo do tipo de negócio, outros documentos de real importância poderão ser exigidos.

4.1. DOCUMENTOS PESSOAIS

Nas operações imobiliárias, é imprescindível a verificação da identidade de quem vai alienar ou praticar outra operação. Deve a parte apresentar a Cédula de Identidade (RG) ou outra identificação; o Cadastro de Pessoa Física (CPF). Quanto ao estado civil, se for separado judicialmente ou divorciado, apresentar Certidão do Registro Civil, devidamente atualizada. Se for sociedade comercial, exigir o Cadastro Nacional de Pessoa Jurídica (CNPJ) – Certidão atualizada dos estatutos de sua constituição social, fornecida pela Junta Comercial. Se for sociedade civil de responsabilidade limitada, certidão atualizada do estatuto ou contrato da constituição social, fornecida pelo Registro Civil das Pessoas Jurídicas (art. 998 do Código Civil).

As pessoas jurídicas são representadas ativa e passivamente, nos atos judiciais e extrajudiciais, por quem os respectivos estatutos designarem ou, não o designando, pelos seus diretores. Se o vendedor for casado, apresentar a identidade e o CPF do cônjuge, bem como a certidão de casamento.

Se o vendedor for representado por procurador, apresentar certidão atualizada do Cartório que a lavrou, declarando que a mesma está em pleno vigor. Analisar a procuração, verificando os poderes outorgados como: vender, alienar, assinar escritura, receber quantias, dar recibo e quitação etc. Se o vendedor for separado judicialmente, divorciado, apresentar a partilha dos bens, constando que o imóvel, objeto de venda, lhe foi atribuído, com a devida averbação no Cartório de Registro de Imóveis, onde se encontra matriculado.

4.2. Prova da capacidade para vender

Não é o bastante verificar somente a identidade, mas também, se a pessoa que está vendendo ou praticando outros atos como permuta, doação etc., tem capacidade jurídica para tais atos. Se a pessoa não é interditada; se não é menor de idade; se não está proibida de vender, ou sendo menor de 18 anos e maior de 16 anos, não está emancipada legalmente.

4.3. Certidões pessoais

Requerer certidões dos Distribuidores Cíveis do vendedor ou vendedores, dos Feitos Contenciosos e Administrativos, abrangendo o prazo de 10 anos, do foro da situação do imóvel e do foro domiciliar, caso seja outro, dos vendedores. Todavia, aconselha-se ainda a fazer uma busca quanto às ações de execução fiscal.

Finalidade

Atestar a inexistência de ação reivindicatória, possessória, desapropriação, adjudicações, execuções em geral ou qualquer outra ação que possa interferir na transação.

Requerer, também, Certidão Negativa da Justiça Federal, cuja finalidade é mostrar que o proprietário vendedor está em dia com o Imposto de Renda. Requerer Certidão da Justiça do Trabalho, referente às ações trabalhistas, abrangendo o período de dois anos.

4.4. Certidões dos Cartórios de Protestos

Requerer Certidões dos Cartórios de Protestos do foro da situação do imóvel e do foro domiciliar dos vendedores, abrangendo o período de cinco anos.

Finalidade

Atestar a inexistência do protesto de títulos como Nota Promissória, Letra de Câmbio, Duplicata, Cheque, e outros títulos de dívida que possam ser protestados e assim prejudicar a transação. Se houver protestos, pedir certidão com esclarecimentos e respectivos comprovantes de quitação.

4.5. Certidão negativa municipal

Requerer Certidão Negativa da Prefeitura, comprovando que os proprietários estão em dia com o imposto territorial – IPTU. Se a escritura do imóvel for a definitiva, requerer também, na Prefeitura uma, certidão de valor venal.

4.6. OUTRAS CERTIDÕES

Requerer certidões nos Departamentos de água, luz, esgotos, condomínio etc. Com a finalidade de verificar se os proprietários estão em dia com os pagamentos.

4.7. LOTEAMENTOS

Se o vendedor dedicar-se a atividades imobiliárias provenientes de loteamentos, pedir certidões do Registro do Loteamento no Cartório de Registro de Imóveis, bem como pedir certidões de regularidade perante a Previdência Social.

4.8. IMÓVEL RURAL

Tratando-se de imóvel rural, verificar se o vendedor está cadastrado no FUNRURAL, pedindo certidão negativa de débito, atualmente expedida pelo Instituto de Administração Financeira da Previdência e Assistência Social (IAPAS).

4.9. PRÉDIOS

Verificar se a construção é anterior a 21 de novembro de 1966. Se for posterior a essa data, e é a primeira transação, exigir, do vendedor, Certidão Negativa da Previdência Social, comprovando os recolhimentos das contribuições devidas pela construção.

Títulos de propriedade do imóvel

5.1. Título de propriedade

Como já foi demonstrado, várias são as formas de aquisição do imóvel.

O vendedor, pretendendo alienar o imóvel, deverá apresentar a sua titularidade sobre o imóvel, devidamente registrada no Cartório de Registro de Imóveis.

Não importa a forma como foi adquirido o imóvel, se por escritura pública de compra e venda – permuta – divisão – doação – usucapião – formal de partilha etc.

Uma vez devidamente matriculado e registrado, atribui o direito real de propriedade, podendo o titular vender ou aliená-lo por estar legalmente habilitado pelo registro.

5.2. Certidão atualizada

Exigir do proprietário certidão atualizada do Registro de Imóveis, com suas averbações, declarando a inexistência de ônus sobre o imóvel. É medida de cautela e de toda conveniência, requerer certidão quinzenária (15 anos), registrando, neste período, todos os proprietários. A verificação de todos os atos a que esteve o imóvel submetido, no período de quinze anos, sujeito a prescrição aquisitiva – confere, ao comprador, segurança na aquisição. O art. 1.238 do Código Civil estabelece que:

> Aquele que, por quinze anos, sem interrupção, nem oposição, possuir como seu um imóvel, adquire-lhe a propriedade, independentemente de título e boa-fé; podendo requerer ao juiz que assim o declare por sentença, a qual servirá de título para o registro no Cartório de Registro de Imóveis.

Finalidade

É de real importância analisar o histórico do imóvel, com seus ônus, encargos, averbações etc., para não correr o risco de uma compra com possibilidades de ações judiciais. Após os quinze anos, as ações que possam incidir sobre o imóvel já estarão prescritas, dando real segurança ao comprador.

5.3. Certidões gerais

Numa transação imobiliária, o comprador deve exigir, do vendedor, as certidões de impostos, taxas, recibos etc. Requerer, na Prefeitura Municipal, a Certidão Negativa de Débitos ou Ônus, constando que o imóvel está livre de débitos fiscais. Se o alienante do imóvel for pessoa jurídica (empresa), solicitar o certificado de quitação junto ao INSS ou FUNRURAL.

Se se tratar de compra de apartamento em condomínio, deverá solicitar, do síndico, certidão de inexistência de débitos, pois, o adquirente responde por dívida deixada pelo alienante (Código Civil, art. 1.345).

Importante, ainda, requerer, junto ao Departamento de Urbanismo da Prefeitura ou órgão semelhante, certidão que diz respeito às obrigações e posturas municipais. Se o imóvel for rural, o departamento competente será o INCRA.

5.4. Imóvel com inquilino

Se o imóvel estiver alugado, o inquilino tem preferência na aquisição. Se não for do seu interesse a compra do imóvel, pedir ao inquilino, por escrito, declaração manifestando sua desistência, no prazo de trinta (30) dias.

Não se esgota, aqui, a relação de documentos necessários e exigidos para uma boa transação imobiliária. Outros poderão surgir como de real importância e necessidade, embora uma transação imobiliária possa ser feita com a dispensa de grande parte da documentação recomendada, pois, se a transação se efetua entre pessoas conhecidas e honradas, nenhuma consequência poderá advir, salvo desconhecimento dos contratantes, sobre certas exigências obrigatórias e necessárias ao fiel cumprimento dos atos jurídicos relevantes. Grande parte dos negócios imobiliários ainda são feitos de boa-fé.

Voltamos a consignar que muitos são os litígios judiciais referentes às transações imobiliárias. Recomendamos. aos compradores de imóveis, que procurem um bom profissional do ramo para consultar e assistir a transação que estão efetuando. Uma transação imobiliária envolve grande soma de dinheiro e um negócio malfeito poderá acarretar sérias consequências.

6
Títulos de aquisição da propriedade imóvel

Várias são as formas de documentos para a aquisição da propriedade imóvel e todos devem revestir-se das formalidades exigidas por lei.

A aquisição da propriedade imóvel opera-se de três modos (ver arts. 1.238 a 1.262 do Código Civil):

I – pela usucapião;

II – pelo registro de título; e

III – por acessão.

Na aquisição da propriedade imóvel, por qualquer que seja o documento, é necessário, após lavrado, o registro no Cartório de Registro de Imóveis. Uma vez registrado o documento que deu origem à aquisição, o registro atribui direito real de propriedade (domínio e posse).

Para feitura de tais documentos é necessário que os contratantes estejam plenamente munidas dos documentos exigidos, tais como Cédula de Identidade (RG), Cadastro de Pessoa Física (CPF) e os demais, já fartamente demonstrados.

Exemplos de alguns dos tipos de documentos, geralmente mais utilizados na aquisição da propriedade imóvel.

6.1. COMPRA E VENDA

É o de maior circulação nos negócios imobiliários. Seu fim específico é a alienação de um bem. Pelo contrato de compra e venda, uma das partes se obriga a transferir, à outra, a propriedade, recebendo em troca o valor correspondente em dinheiro ou valor fiduciário equivalente. É um contrato bilateral por excelência. As obrigações são recíprocas: ao vendedor cabe a obrigação de entregar a coisa com *animus* de transferência, isenta de ônus, enquanto que ao comprador, cabe a obrigação de pagar o preço pela forma convencionada.

Pelo acordo de vontades e o preço, o contrato de compra e venda configura-se simplesmente consensual, tornando-se perfeito e acabado, dispensando desta forma a entrega do bem ou coisa para perfeição.

Os contratantes, no contrato de compra e venda, têm sempre em mira uma vantagem patrimonial, tornando-o comutativo, isto é, as obrigações e prestações convencionadas pelas partes são recíprocas e equivalentes.

6.2. DO CONTRATO PRELIMINAR

O Código de 1916 não contemplou o contrato preliminar, embora a doutrina o admitisse. O Código de Processo Civil de 1939 já dispunha: *Nas promessas de contratar, o juiz assinará prazo ao devedor para executar a obrigação, desde que o contrato preliminar preencha as condições de validade do definitivo.* (art. 1.006, § 2º). Já o atual Código Civil o disciplina nos arts. 462 a 466.

A promessa de compra e venda é exemplo do contrato preliminar mais frequente, pois a jurisprudência o reconhece, citando-se:

> Não incidência do ITBI em promessa de compra e venda, contrato preliminar que poderá ou não se concretizar em contrato definitivo, este sim ensejador da cobrança do aludido tributo – Precedentes do STF. (STJ – 2ª T., REsp. 57.641-PE, Rel. Min. Eliana Calmon, *DJU* de 22.2.2000)

O art. 462 do Código Civil dispõe:

> O Contrato preliminar, exceto quanto à forma, deve conter todos os requisitos essenciais ao contrato a ser celebrado.

Contrato preliminar ou *pacto de contrahendo* é aquele que tem por objeto concretizar um contrato futuro e definitivo e que contenha os requisitos: agente capaz; objeto lícito, possível, determinado ou determinável; forma prescrita ou não defesa em lei.

Quando reunidos os requisitos legais, o compromisso de compra e venda, ainda que não loteados, dá direito à execução compulsória.

Ele se distingue da simples oferta ou proposta ou das negociações preliminares em preparo do contrato.

E, o art. 463 do Código Civil disciplina:

> Concluído o contrato preliminar, com observância do disposto no artigo antecedente, e desde que dele não conste cláusula de arrependimento, qualquer das partes terá o direito de exigir a celebração do definitivo, assinando prazo à outra para que o efetive.
>
> Parágrafo único. O Contrato preliminar deverá ser levado ao registro competente.

Para a exigibilidade do contrato definitivo é imperativo que o preliminar tenha sido levado a registro. A eficácia decorre do registro que é o ato gerador de efeitos que previnem terceiros.

6.3. Do direito do promitente comprador

Diz o art. 1.417 do Código Civil:

Mediante promessa de compra e venda, em que se não pactuou arrependimento, celebrada por instrumento público ou particular, e registrada no Cartório de Registro de Imóveis, adquire o promitente comprador direito real à aquisição do imóvel.

O Código Civil de 1916, ao contrário do atual, não conferia direito real à aquisição do imóvel; o novo confere, desde que o contrato esteja inscrito no Cartório de Registro de Imóveis.

6.4. Cessão

Ato pelo qual uma pessoa transfere para outrem um ou mais direitos de que é titular. Para sua validade, deve preencher os requisitos da lei, tais como a existência de capacidade das partes para contratar.

A cessão faz passar o direito cedido para a outra parte. O crédito cedido é sempre transferido com todas as suas qualidades, vícios ou defeitos, e pode ser: a título gratuito, oneroso, obrigatório, judicial e legal.

Gratuito – É o ato de mera liberalidade.

Oneroso – Quando acarreta ônus para as partes.

Obrigatório – É a feita por imposição de lei ou do juiz.

Judicial – É a imposta por sentença.

Legal – Quando decorre de imposição ou exigência da lei.

6.5. Permuta (troca – escambo – barganha)

A permuta é um contrato semelhante à compra e venda. Na permuta, duas ou mais pessoas se obrigam a dar, reciprocamente uma coisa por outra. Não cabe, nesta espécie de transação, para qualquer dos contratantes, o uso de dinheiro porque essa transação se converteria em venda. Opera-se como duas verdadeiras vendas, servindo as coisas trocadas como preço e compensação recíproca. Não é da essência da troca que as coisas tenham valores iguais. Em caso de valores desiguais, para completar o preço, é necessário que o valor em dinheiro seja menor que o bem que se pretende trocar ou permutar. O dinheiro serve apenas como complemento, não como base do negócio. Assim também, não há troca quando um dos contratantes presta ou executa um serviço por um objeto ou imóvel. Aplicam-se, à permuta ou troca, as mesmas regras da compra e venda, isto é, seguem o mesmo regime legal. A permuta, para valer contra terceiros, está sujeita ao registro.

6.6. Divisão "extinção de condomínio"

É o meio pelo qual se põe fim ao condomínio ou à comunhão de bens. Se ao imóvel cabe divisão cômoda e não convindo aos contratantes permanecer nesse estado de comunhão, podem promover a divisão por meio de escritura, de forma amigável. Caso contrário, havendo resistência de uma das partes, poderá ser promovida ação judicial pela parte interessada e que deseja por fim ao condomínio e promover a divisão. O art. 946, II, do Código de Processo civil que assim determina:

> Cabe: (...)
> II – a ação de divisão, ao condômino para obrigar os demais consortes, a partilhar a coisa comum.

O art. 1.320, *caput*, do Código Civil determina que:

> A todo tempo será lícito ao condômino exigir a divisão da coisa comum, respondendo o quinhão de cada um pela sua parte nas despesas da divisão (...).

6.7. Partilha amigável

Partilha amigável é a divisão que se faz dos bens da herança entre os sucessores do *de cujus,* e pode ser feita por instrumento público, como escritura, e reduzida a termo nos autos de inventário ou, ainda, por meio de escrito particular homologado pelo juiz, quando todos os herdeiros forem plenamente capazes e convierem em fazê-la por essa forma.

6.8. Doação

Quando uma pessoa, por sua liberalidade, transfere bens do seu patrimônio para o de outra, dá-se a doação. É um contrato unilateral porque somente o doador contrai obrigações.

Assenta, a doação, na espontaneidade com que a pessoa ofertante, que se denomina doador, transfere ou se desfaz de um bem em benefício de outrem, desfalcando o seu patrimônio. A pessoa que aceita, ou recebe o bem, denomina-se donatário ou aceitante. Para a validade do ato da doação é necessária a aceitação do donatário, pois sem o seu consentimento inexiste o contrato, ele não se aperfeiçoa. É da substância do ato a escritura pública ou particular (arts. 108 e 541 do Código Civil).

6.9. Documentos judiciais

6.9.1. Formal de partilha

Formal de Partilha é o documento hábil ao registro da transferência dos bens imóveis e também à comprovação da propriedade dos bens móveis e semoventes deixados pelo *de cujus* aos seus herdeiros e legatários.

É o título extraído dos autos de inventário, mediante o qual se promove a realização da partilha, onde se menciona o quinhão de cada herdeiro.

O formal de partilha, atribuindo a cada herdeiro o seu quinhão, é o título que se leva ao Cartório de Registro de Imóveis a fim de proceder ao registro e à matrícula em nome do novo titular.

É muito importante a perfeita descrição do imóvel, por ocasião da partilha, dando suas características e confrontações e sua exata descrição, a fim de possibilitar o seu registro.

O formal de partilha pode ser substituído por certidão de pagamento de quinhão hereditário, quando este não exceder a cinco vezes o salário mínimo vigente na sede do juízo.

6.9.2. Usucapião

Usucapião é a forma originária de aquisição da propriedade, tanto móvel como imóvel, por meio de posse continuada, durante certo tempo, cumprindo-se os requisitos estabelecidos em leis. Denomina-se *"prescrição aquisitiva"* (do latim *usucapere* – tomar pelo uso).

Prescrição aquisitiva é a força criadora que faz atrofiar a capacidade defensiva daquele que não fez uso do seu direito, isto é, meio de adquirir direitos com extermínio da ação daquele que não cuidou de seu direito, desaparecendo, assim, o amparo legal.

A prescrição aquisitiva gera o direito à usucapião do imóvel para aquele que tem a posse mansa e pacífica e extingue a ação do direito para reavê-lo de volta do possuidor (art. 1.238 do Código Civil).

6.10. Espécies de usucapião

6.10.1. Usucapião ordinária

Dá-se a *usucapião ordinária* para aquele que contínua e incontestadamente, com justo título e boa-fé, possuir a propriedade por dez anos (art. 1.242, *caput*, do Código Civil).

Será de cinco anos, o prazo previsto no parágrafo único do artigo acima se o imóvel houver sido adquirido, onerosamente, com base no registro constante do respectivo cartório, cancelada posteriormente, desde que os possuidores nele tiverem estabelecido a sua moradia, ou realizado investimentos de interesse social e econômico.

6.10.2. Justo título

Justo título são os documentos hábeis para transferir-se a propriedade imóvel, podendo conter algum vício ou irregularidade que impeça o registro. O justo título tem toda aparência de legítimo e perfeito que seria capaz de transferir o domínio, caso não tivesse vício que impedisse a transferência perfeita. Como justo título, podemos ter uma escritura de compra e venda, um formal de partilha, uma carta de adjudicação etc., desde que portadores de algum vício interno e com aparência de perfeitos e legais.

6.10.3. Boa-fé

Boa-fé é a crença da posse legítima, a convicção de que o título de posse do imóvel é tido como legítimo, dando a certeza de que é possuidor verdadeiro. Aquele que acreditou ter o vendedor o direito de vender a coisa. O possuidor, com justo título, tem por si a presunção de boa-fé, salvo prova em contrário, ou quando a lei expressamente não admite esta presunção.

Assim, cabe ao réu provar que o autor não tinha boa-fé. Consumada a usucapião, para que se opere a transmissão da propriedade, faz-se mister que se registre o mandado da sentença que a declarou no Cartório de Registro de Imóveis.

6.10.4. Usucapião extraordinária

O art. 1.238 do Código Civil estabelece que:

> Aquele que, por quinze anos, sem interrupção, nem oposição, possuir como seu um imóvel, adquire-lhe a propriedade, independentemente de título e boa-fé; podendo requerer ao juiz que assim o declare por sentença, a qual servirá de título para o registro no Cartório de Registro de imóveis.
>
> Parágrafo único. O prazo estabelecido neste artigo reduzir-se-á a dez anos se o possuidor houver estabelecido no imóvel a sua moradia habitual, ou nele realizado obras de caráter produtivo.

Na usucapião extraordinária, a lei dispensa o justo título e boa-fé, o que não acontece na usucapião ordinária. A posse e o decurso do tempo é binômio indispensável para a prescrição aquisitiva. A posse há de ser sem interrupção e nem oposição, mas com o caráter de ser dono, isto é com *animus domini* que é o elemento subjetivo que se fixa no possuidor. É a intenção de possuir a coisa como se sua fosse.

6.10.5. Usucapião especial

Estabelece a Constituição Federal que:

> Art. 191. Aquele que, não sendo proprietário de imóvel rural ou urbano, possua como seu, por 5 (cinco) anos ininterruptos, sem opo-

sição, área de terra, em zona rural, não superior a 50ha (cinquenta hectares), tornando-a produtiva por seu trabalho ou de sua família, tendo nela sua moradia, adquirir-lhe-á a propriedade.

Parágrafo único. Os imóveis públicos não serão adquiridos por usucapião.

E ainda o art. 1.239 do Código Civil:

> Aquele que, não sendo proprietário de imóvel rural ou urbano, possua como sua, por cinco anos ininterruptos, sem oposição, área de terra em zona rural não superior a cinquenta hectares, tornando-a produtiva por seu trabalho ou de sua família, tendo nela moradia, adquirir-lhe-á propriedade.

Esta espécie de usucapião está prevista na Lei n° 6.969, de 10.12.1981, cujo objetivo é a fixação do homem ao campo, dando assim um caráter social relevante, premiando aquele que tornou a terra útil e produtiva por período de cinco anos. Veio garantir a posse prolongada em função do trabalho exercido pelo possuidor, gerando-lhe o direito à usucapião especial *pro labore*.

6.10.6. Usucapião especial urbana

Esta espécie de usucapião é prevista no art. 183 da Constituição Federal e agora é adotada pelo Código Civil no seu art. 1.240 que assim estabelece:

> Art. 1.240. Aquele que possuir, como sua, área urbana de até duzentos e cinquenta metros quadrados, por cinco anos ininterruptamente e sem oposição, utilizando-a para sua moradia ou de sua família, adquirir-lhe-á o domínio, desde que não seja proprietário de outro imóvel urbano ou rural.
>
> § 1°. O título de domínio e a concessão de uso serão conferidos ao homem ou à mulher, ou a ambos, independentemente do estado civil.
>
> § 2°. O direito previsto no parágrafo antecedente não será reconhecido ao mesmo possuidor mais de uma vez.

Pelo que vimos, é uma usucapião que tem o cunho social, com características próprias. A legitimidade somente poderá beneficiar a pessoa física que não possua outro imóvel, urbano ou rural. Uma das condições estabelecidas é de que o imóvel tem que se situar em área urbana e de até duzentos e cinquenta metros quadrados e a posse é de cinco anos ininterruptamente e sem oposição e o direito à usucapião não será reconhecido mais de uma vez, não importando o estado civil dos possuidores, cujo título de domínio será dado aos dois, ou ao homem ou à mulher.

6.10.7. Domínio

No direito imobiliário a palavra domínio tem um significado especial. Para Lafayette, "domínio é o direito real que vincula e legalmente submete ao poder absoluto de nossa vontade a cousa corpórea, na substância, acidentes e acessórios".

6.10.8. Adjudicação

Adjudicação também é um ato aquisitivo da propriedade imóvel. Por meio da adjudicação, o Estado usando de sua função jurisdicional transfere, ao exequente ou outro credor, para a extinção e satisfação de seu crédito, bens do executado.

Transitada em julgado a sentença que deferiu a adjudicação, esta deverá ser registrada no Cartório de Registro de Imóveis.

O Decreto-Lei nº 58, de 10.12.1937, que dispõe sobre loteamentos e vendas de terrenos em prestações, estabelece que, ultimado o pagamento integral do preço e demais obrigações, havendo recusa por parte do compromitente vendedor, o compromissário comprador poderá propor adjudicação compulsória do lote adquirido. Outros casos há de vendas de terrenos a prestações, com cláusula de irrevogável e irretratável, que dá direito à adjudicação compulsória.

A adjudicação compulsória é proposta judicialmente. Transitada em julgado a sentença favorável, o imóvel será adjudicado ao compromissário comprador, valendo a adjudicação como título para o registro no Cartório de Registro de Imóveis.

6.11. Modelo de adjudicação compulsória

(A pedido do comprador)

EXMO. SR. DR. JUIZ DE DIREITO DA (...) VARA DA COMARCA DE (...)

(Deixar 10 espaços)

FULANO DE TAL (...) (qualificação), por seu advogado adiante assinado, vem, respeitosamente, a presença de V. Exa., propor ação de ADJUDICAÇÃO COMPULSÓRIA, no rito sumário, em face de BELTRANO DE TAL (...) (qualificação), expondo e requerendo o quanto segue:

1. O Requerente adquiriu do Requerido, por contrato particular de Compromisso de Compra e Venda, em data de (...) de (...) do ano de (...), um lote de terreno localizado no loteamento denominado (...), constituído pelo lote nº (...) da quadra (...), conforme se comprova pelo incluso instrumento devidamente registrado no Cartório de Registro de Imóveis.

2. Conforme o estabelecido no contrato, o Requerente satisfez integralmente os pagamentos das prestações nos seus respectivos venci-

mentos, conforme se comprova pelos inclusos recibos de pagamentos das prestações, cuja última foi paga no dia (...) de (...) do ano de (...), portanto há mais de seis meses.

3. Com o pagamento final, o Requerente procurou o Requerido para que lhe desse a escritura definitiva, o que não logrou êxito, recebendo desculpas injustificadas e protelatórias com recusa da referida escritura.

4. O fato foi devidamente testemunhado pelos senhores (...) e inclusive tem o Requerente um bilhete do Requerido, pedindo desculpas por não poder satisfazer o seu pedido, alegando outros compromissos mais importantes.

Pelo exposto, com base no Decreto-Lei nº 58/1937, art. 16, requer de V. Exa.:

1. A ADJUDICAÇÃO COMPULSÓRIA do imóvel referido, pedindo a citação do Requerido no endereço acima para que compareça à audiência que for designada por V. Exa. de instrução e julgamento, nos termos do art. 278 do Código de Processo Civil para contestar, se quiser, a presente ação, sob pena de revelia;

2. Protesta por todos os meios de prova em Direito admitidos, especialmente, pela prova testemunhal, cujo rol segue ao final, com fulcro no art. 282, VI, do CPC;

Pede, finalmente, seja julgada procedente a ação pleiteada, para adjudicar o imóvel, objeto do contrato particular de Compromisso de Compra e Venda, condenando o Requerido nas custas processuais, honorários advocatícios e demais cominações de direito.

Rol de Testemunhas:

Arrola as testemunhas abaixo que comparecerão à audiência designada por V. Exa., independente de intimação (ou pedir a intimação).

Dá-se à causa o valor de R$ (...)

Termos em que, com os inclusos documentos,

P. deferimento.

Local e data

_____
Assinatura do Advogado

OAB nº

ROL DE TESTEMUNHAS:

(Com endereços e qualificações)

_____

_____

_____

7

Transações imobiliárias

Uma das operações mais usadas nas transações imobiliárias é a Compra e Venda, cujo fim específico é a alienação de um bem. Pelo Contrato de Compra e Venda, uma das partes se obriga a transferir à outra parte a propriedade, recebendo em troca o valor correspondente em dinheiro ou valor fiduciário equivalente.

É um contrato bilateral por excelência. As obrigações são recíprocas: ao vendedor cabe a obrigação de entregar a coisa com *animus* de transferência, enquanto que ao comprador cabe a obrigação de pagar o preço e pela forma convencionada.

Pelo acordo de vontades e quanto ao preço, o contrato de Compra e Venda configura-se simplesmente consensual, tornando-se perfeito e acabado, dispensando desta forma a entrega do bem ou coisa para perfeição.

As partes, no Contrato de Compra e Venda, têm sempre em mira uma vantagem patrimonial, tornando-o um contrato oneroso e podendo-se dizer também comutativo, isto é, as obrigações e prestações convencionadas pelas partes são recíprocas e equivalentes.

Elementos essenciais: *preço – coisa – consentimento*.

a) Preço – É a quantia que o comprador se obriga a pagar ao vendedor.

Sem o preço é nulo, de pleno direito, o contrato, *sine pretio nulla venditio*. O preço deve ser sempre em moeda, isto é, em dinheiro. Do contrário, se outra coisa for dada, pode-se caracterizar a troca ou permuta. Na Compra e Venda, o preço pode ser de uma só vez ou em parcelas. Neste caso, a venda será em prestações. O preço há de ser certo, mas não é preciso que seja determinado. Pode ser indeterminado como nos casos de venda à taxa de mercado, bolsa etc. O preço deve ser sempre fixado em moeda corrente do país e não pode ficar ao arbítrio de um dos contratantes (art. 318 do Código Civil). Caso contrário será nulo. Mas, na Compra e Venda, poderá haver estipulação de ser pago em título da dívida pública, títulos de crédito, notas promissórias etc. A substituição de dinheiro por outra coisa, caso o vendedor consinta, não desnatura a Compra e Venda, não a converte em troca ou permuta, mas sim, em *"dação em pagamento"*.

b) Coisa – Coisa é tudo aquilo que pode ser objeto de venda no comércio, tanto as coisas corpóreas como incorpóreas, as coisas presentes e futuras, as próprias e as alheias.

Para as coisas corpóreas, há a transferência de domínio, enquanto que para a incorpórea ocorre a cessão. A venda de coisa futura é questão muito discutida em direito, afirmando-se que a venda é condicional, simplesmente promessa, mas admitida em nosso direito.

Quanto à venda de coisa alheia parece incoerente o contrato nessa espécie, mas, na verdade, não o é. Pela venda de coisa alheia o vendedor se obriga a transferir a propriedade da coisa. Se ela ainda não lhe pertencia e se consegue adquiri-la para fazer a entrega prometida fielmente, cumprida estará a obrigação, desta forma. Caso contrário, se resolverá em perdas e danos.

c) Consentimento – Pelo consentimento das partes, o contrato de Compra e Venda está completo. Realizado o acordo, forma-se o contrato, não mais cabendo arrependimento.

Para validade de um ato jurídico é necessária a manifestação favorável das partes, isto é, o mútuo consentimento.

Nas vendas de imóveis, é necessário o consentimento do outro cônjuge, vedado ao consorte, qualquer que seja o regime de matrimônio, excluído o de separação de bens (arts. 1.647 e 1.687 do Código Civil), alienar, hipotecar ou gravar de ônus reais os imóveis ou direitos a eles relativos. Não basta só o consentimento, pois este tem que ser válido e, é necessário a capacidade dos pactuantes, sob pena de nulidade.

Assim, na Compra e Venda, quando pura, considera-se obrigatória e perfeita, desde que as partes acordem no objeto e no preço.

7.1. DESPESAS DE ESCRITURAS

As despesas de escrituras, por disposição legal e pelo costume, ficam a cargo do comprador, salvo se em cláusula contratual for estipulado o contrário. Dispõe o art. 490 do Código Civil:

> Salvo cláusula em contrário, ficarão as despesas de escritura e registro a cargo do comprador, e a cargo do vendedor as da tradição.

7.2. VENDA DE IMÓVEL COM DIFERENÇA DE ÁREA

Se, na venda de um imóvel, se estipular o preço por medida de extensão, também conhecida como *ad mensuram*, ou se determinar a respectiva área, e esta não corresponder, em qualquer dos casos, às dimensões dadas, o comprador terá direito de exigir o complemento da área, e não sendo isso possível, o de reclamar a rescisão do contrato ou abatimento proporcional do preço. Não lhe cabe, porém, esse direito, se o imóvel foi vendido como coisa certa e discriminada, ou *ad corpus*, tendo sido apenas enunciativa a referência às suas dimensões. Presume-se que a referência às dimensões foi simplesmente enunciativa, quando a diferença encontrada exceder 1/20 da extensão total enunciada. Se em vez de falta houver excesso, e o vendedor provar que tinha motivos para ignorar a medida exata da área vendida, caberá ao comprador, à sua escolha, completar o valor correspondente ao preço ou devolver o excesso (art. 500 do Código Civil).

7.3. Imóvel indivisível

Não pode um condômino em coisa indivisível vender a sua parte a estranhos, se outro consorte a quiser, tanto por tanto. O condômino, a quem não se der o conhecimento da venda, poderá, depositando o preço, haver para si a parte vendida a estranhos, se o requerer no prazo de cento e oitenta dias, sob pena de decadência (art. 504 do Código Civil).

Estabelece, ainda, o Código Civil, no art. 2.019 que:

> Art. 2.019. Os bens insuscetíveis de divisão cômoda, que não couberem na meação do cônjuge sobrevivente ou no quinhão de um só herdeiro, serão vendidos judicialmente, partilhando-se o valor apurado, a não ser que haja acordo para serem adjudicados a todos.
>
> § 1º. Não se fará a venda judicial se o cônjuge sobrevivente ou um ou mais herdeiros requererem lhes seja adjudicado o bem, repondo aos outros, em dinheiro, a diferença, após avaliação atualizada.
>
> § 2º. Se a adjudicação for requerida por mais de um herdeiro, observar-se-á o processo de licitação.

Pelo que vimos, estas são as formas legais da dissolução de uma sociedade num determinado imóvel. Sendo vários donos de um imóvel que não cabe a divisão cômoda, e não há interesse de uma das partes em vendê-lo ou comprar as partes dos demais, resta, aos demais condôminos, o direito de recorrer à justiça. O que deve ser feito primeiramente é o oferecimento aos condôminos o imóvel ou parte do imóvel que se quer alienar; após a recusa ou desinteresse poderá ser vendido a terceiros, recorrendo-se das vias judiciais, conforme os artigos anteriormente citados.

É o mesmo que promessa de compra e venda, é um contrato que tem por objeto uma obrigação futura. Assim como no contrato de Compra e Venda, o objeto é a transferência do bem no ato da celebração do contrato, constituindo assim um contrato perfeito; o compromisso de compra e venda é um ajuste das partes para um ajuste futuro.

7.4. Das cláusulas especiais à compra e venda (Arts. 505 a 528 do Código Civil)

7.4.1. Retrovenda

É uma cláusula em que o vendedor de coisa imóvel pode reservar-se o direito de recobrá-la no prazo máximo de decadência de três anos, restituindo o preço recebido e reembolsando as despesas do comprador, inclusive as que, durante o período de resgate, se efetuarem com a sua autorização escrita, ou para a realização de benfeitorias necessárias (art. 505 do Código Civil).

O prazo máximo para o resgate é de três anos e de caráter irrevogável. A extinção do direito do vendedor opera-se tão logo vença o prazo e não há necessidade de interpelação ou notificação judicial para que o comprador se torne proprietário definitivo.

O comprador de imóvel deverá ter o cuidado de verificar se não está comprando um imóvel sobre o qual recaia pacto de retrovenda. Se houver o pacto de retrovenda, está adquirindo uma propriedade resolúvel.

7.4.2. Da venda a contento

A venda a contento confere, ao comprador, o direito de revogar ou desfazer o negócio, mediante cláusula suspensiva em geral, ou resolutiva. Esta venda oferece vantagem ao comprador, ao contrário da retrovenda. A última palavra para decidir sobre o negócio cabe ao comprador, manifestando sua aceitação ou não, mesmo após ter recebido a coisa. Não havendo prazo estipulado para a manifestação do comprador, o vendedor tem o direito de notificá-lo para que o faça em prazo improrrogável, sob pena de considerar-se perfeita a venda (arts. 509 a 512 do Código Civil).

7.4.3. Da preempção ou preferência

Preempção ou preferência é a cláusula, segundo a qual, compete ao comprador oferecer ao vendedor a coisa que vai alienar, desde que este se disponha a pagar tanto por tanto. É um direito personalíssimo, não pode cedê-lo nem passá-lo aos herdeiros (arts. 513 a 520).

7.4.4. Modelo de contrato particular de compra e venda

Pelo presente instrumento particular de Compra e Venda, de um lado FULANO DE TAL e sua esposa (...) (qualificação) e de outro lado, BELTRANO DE TAL e sua esposa (...) (qualificação), ficou ajustado o quanto segue:

1. Sendo Fulano de Tal e sua esposa senhores proprietários e possuidores de um terreno situado na Rua (...) nº (...), nesta cidade de (...), possuindo (...) metros de frente; (...) do lado direito de quem da rua olha para o lote (...) metros; do lado esquerdo (...) metros na linha dos fundos (...) metros; dividindo pelo lado direito com o lote (...) e pelo lado esquerdo com o lote (...) e nos fundos com o lote (...), encerrando a área de (...) metros quadrados, terreno este devidamente matriculado no Cartório de Registro de Imóveis sob nº (...) e registrado na Prefeitura local sob nº (...), doravante denominados simplesmente VENDEDORES, vendem o referido terreno a BELTRANO DE TAL e sua esposa,

doravante denominados simplesmente COMPRADORES, mediante as condições seguintes:

2. O referido lote encontra-se livre e desembaraçado de quaisquer ônus ou embaraços, judicial ou extrajudicial, declarando haver vendido, como efetivamente vendido está aos compradores Beltrano e esposa pelo preço certo e ajustado de R$ (...) (por extenso) e que dos mesmos compradores recebem em moeda corrente do país [ou pelo cheque nº (...) do Banco (...)], pelo que dão plena e geral quitação, transferindo-lhes o domínio, posse, direito e ação que tinham no terreno vendido, o qual lhes ficam pertencendo, obrigando-se, ainda, a fazer esta venda sempre firme, boa e valiosa e a prestar evicção em qualquer tempo, por si e seus sucessores. Declaram ainda que o terreno ora vendido acha-se quite com a Fazenda Federal, Estadual e Municipal, nos termos das certidões negativas, transcritas a seguir (...) (discriminar).

3. Os Compradores declaram aceitar a presente venda pela forma acima estipulada pelos Vendedores, após pagos os impostos de transmissão e do lucro imobiliário (se houver), nos termos propostos e para firmeza e por se acharem combinados e contratados, fizeram o presente instrumento particular em duas vias de igual teor que assinam na presença de duas testemunhas que conhecimento tiveram.

Local e data

VENDEDORES

_____

_____

COMPRADORES

_____

_____

TESTEMUNHAS:

_____

_____

Nota: *Caso o pagamento seja feito com cheque, deixar consignado que a quitação ficará sujeita à compensação ou crédito em conta.*

7.5. DA EVICÇÃO

Dá-se a evicção pela perda total ou parcial de uma coisa em virtude de sentença judicial que atribui a outrem, por direito anterior ao contrato, de onde nascera a pretensão do evicto. Exemplo: "A" vende a "B" uma casa que não era de sua propriedade e sim de "C", seu legítimo dono. A perda da casa sofrida por "B" é que se chama de evicção.

7.6. DO COMPROMISSO DE COMPRA E VENDA

É o mesmo que promessa de compra e venda, é um contrato que tem por objeto uma obrigação futura. Assim como no contrato de Compra e Venda, o objeto é a transferência do bem no ato da celebração do contrato, constituindo assim um contrato perfeito. O compromisso de compra e venda é um ajuste das partes para o futuro.

Promessa ou compromisso é um contrato preliminar ou pré-contrato em que o proprietário de um imóvel assume o compromisso de vendê-lo a outro contratante que, por sua vez também assume o compromisso de adquiri-lo ou comprá-lo, nas condições estabelecidas, em determinado prazo e por preço certo e ajustado. É o contrato em que as partes contraem obrigação futura de realizar ou estipular contrato definitivo de Compra e Venda.

O Contrato de Promessa de Compra e Venda pode ser irrevogável e irretratável. Esta condição é muito importante para as promessas. Os adquirentes de imóvel devem sempre exigir esta cláusula nos contratos, visto que, atualmente, com acelerada inflação, em pouco tempo o valor do imóvel adquirido cresce muitas vezes, e o vendedor poderá pagar pequena multa contratual e se arrepender, para tornar a vendê-lo por preço muito maior. Os contratos com cláusula de arrependimento, isto é, revogável, asseguram aos vendedores o direito de se arrependerem, mediante indenização prévia ao outro contratante. Nos contratos com cláusula irrevogável e irretratável não é lícito o arrependimento, embora possa haver rescisão por outros motivos estabelecidos no contrato. Em caso de recusa de efetivação de escritura definitiva, nos contratos de condição irrevogável e irretratável, cabe adjudicação compulsória quando o contrato preencher seus requisitos plenamente.

Sobre o direito do promitente comprador, o Código Civil disciplina:

> Art. 1.417. Mediante promessa de compra e venda, em que se não pactuou arrependimento, celebrada por instrumento público ou particular, e registrada no Cartório de Registro de Imóveis, adquire o promitente comprador direito real à aquisição do imóvel.
>
> Art. 1.418. O promitente comprador, titular de direito real, pode exigir do promitente vendedor, ou de terceiros, a quem os direitos deste forem cedidos, a outorga da escritura definitiva de compra e venda, conforme o disposto no instrumento preliminar; e, se houver recusa, requerer ao juiz a adjudicação do imóvel.

7.6.1. Modelo de contrato particular de compromisso de compra e venda

Pelo presente instrumento de Compromisso de Compra e Venda, de um lado FULANO DE TAL (e sua esposa, se casado for) (qualificação) e, de outro lado, BELTRANO DE TAL (qualificação), têm justo e contratado o seguinte:

1. O primeiro dos acima qualificados, doravante denominado simplesmente PROMITENTE VENDEDOR(ES), promete vender ao segundo dos acima qualificados, doravante denominado simplesmen-

te PROMISSÁRIO COMPRADOR, um lote de terra no loteamento denominado (...), constituído pelo lote nº (...) da quadra nº (...), desta cidade de (...), com as seguintes medidas, características e confrontações (...) (dar as características, medidas e confrontações).

2. O preço certo e ajustado do referido lote é de R$ (...) (por extenso) que o PROMISSÁRIO COMPRADOR se obriga a pagar ao(s) PROMITENTE(ES) VENDEDOR(ES) em (...) prestações de igual valor, mensais e representadas por notas promissórias (ou recibos, depósitos bancários etc.), vencíveis todos os dias (...) de cada mês e pagas no escritório do PROMITENTE VENDEDOR(ES) ou onde for indicado.

3. Caberá rescisão do presente contrato em caso de atraso de (...) prestações, com perdas de benfeitorias porventura realizadas no imóvel, seja qual for o valor, se necessárias, úteis ou voluptuárias e ainda, sujeito a multa estipulada na cláusula dez (10).

4. O PROMISSÁRIO COMPRADOR entra, desde já, na posse do referido imóvel, possuindo-o em nome do PROMITENTE VENDEDOR(ES), podendo fazer nele as benfeitorias que julgar necessárias, obedecendo às posturas municipais.

5. Qualquer diferença de área verificada no lote será compensada em dinheiro, na base do preço do contrato.

Parágrafo único. O prazo para reclamar a diferença de área prescreve, de pleno direito, em 1 (um) ano da assinatura do presente contrato conforme o art. 501 do Código Civil.

6. Correm. por conta do PROMISSÁRIO COMPRADOR, todas as despesas de escrituras, registros, contratos e de todos os ônus que de ora em diante venham a incidir sobre o referido imóvel, como impostos, taxas, contribuições de melhoria etc.

7. O(S) PROMITENTE(ES) VENDEDOR(ES) se obriga(am) a outorgar a escritura definitiva ao PROMISSÁRIO COMPRADOR ou

a quem for por ele indicado, após o recebimento total do preço, dentro de (...) dias.

Parágrafo único. No caso de indicação de escritura para o nome de terceiros, deverá o PROMISSÁRIO COMPRADOR anuir na escritura definitiva.

8. O PROMISSÁRIO COMPRADOR se obriga a manter o referido lote em perfeitas condições de limpeza e a defendê-lo de turbações de terceiros, por sua conta e risco.

9. O presente contrato obriga, em todos os seus termos, herdeiros e sucessores de ambas as partes, no seu fiel cumprimento, a qualquer título.

10. Fica estabelecida uma multa no valor de R$ (...) (por extenso) ou de (...) % sobre o valor do contrato para a parte que infringir qualquer cláusula deste contrato.

11. Fica eleito o foro desta cidade de (...) para dirimir qualquer dúvida oriunda do presente contrato, renunciando a qualquer outro por mais especial que seja.

E assim, por estarem justos e contratados na forma acima, assinam o presente contrato em duas vias de igual teor, na presença de testemunhas que a tudo assistiram ou conhecimento tiveram.

Local e data

PROMITENTE(S) VENDEDOR(ES)

_____

_____

PROMISSÁRIO(S) COMPRADOR(ES)

_____

_____

TESTEMUNHAS:

_____

_____

_____

(qualificar as testemunhas)

Nota: No contrato deverá ter, no mínimo, duas testemunhas.

Reconhecer as firmas para segurança e caracterização das datas.

7.6.2. Modelo de contrato particular de compromisso de compra e venda com sinal e princípio de pagamento

Utilizar o modelo anterior e acrescentar a seguinte cláusula:

O(S) PROMITENTE(ES) VENDEDOR(ES) recebe(em), neste ato, em moeda corrente do país, como sinal e princípio de pagamento, a quantia de R$ (...) (por extenso), dando, ao PROMISSÁRIO COMPRADOR, plena, geral e rasa quitação dessa importância, para nada mais reclamar ou exigir em tempo algum, devendo o restante no valor de R$ (...) (por extenso) ser pago da seguinte forma e em (...) vezes: (descrever a forma e o número de vezes).

Nota: Caso haja, no contrato, cláusula de arrependimento, mencionar o art. 420 do Código Civil como condição.

> Art. 420. Se no contrato for estipulado o direito de arrependimento para qualquer das partes, as arras ou sinal terão função unicamente indenizatória. Neste caso, quem as deu perdê-las-á em benefício da outra parte; e quem as recebeu devolvê-las-á, mais o equivalente. Em ambos os casos não haverá direito a indenização suplementar.

Podem, ainda, as partes estipularem a cláusula de ser o compromisso de forma irrevogável e irretratável. Neste caso, não caberá a cláusula acima (de arrependimento) por ser incompatível.

7.7. Troca ou permuta (escambo ou barganha)

Outro tipo de transação imobiliária é a troca ou permuta. A troca é um contrato semelhante à Compra e Venda. Na troca ou permuta, duas ou mais pessoas se obrigam a dar, reciprocamente, uma coisa por outra. Não cabe, nesta espécie de transação, para qualquer das partes, o uso de dinheiro porque essa transação se converteria em venda. Opera-se como duas verdadeiras vendas, servindo as coisas trocadas como preço e compensação recíproca.

Todas as coisas que são objeto de comércio podem ser trocadas. O objeto da troca deve de ser, necessariamente, dois bens. Não é da essência da troca que as coisas tenham valores iguais. Em casos de valores desiguais, para completar o preço é necessário que o valor em dinheiro seja menor que a coisa ou bem que se pretende trocar. O dinheiro serve apenas como complemento, não como base do negócio.

Assim, também não há troca quando um dos contratantes presta ou executa um serviço por um objeto.

Aplicam-se à troca ou permuta as mesmas regras da Compra e Venda, isto é, seguem o mesmo regime legal. A troca, para valer contra terceiros, está sujeita a registro.

7.7.1. Troca entre ascendentes e descendentes

Nosso Código Civil, em seu art. 533, inciso II, estabelece que é anulável a troca de valores desiguais entre ascendentes e descendentes, sem o consentimento dos outros descendentes e do cônjuge do alienante.

Mas se a troca for de valor igual, a validade é indiscutível, pois assim tem entendido a jurisprudência. Somente é anulável a troca de valores desiguais entre ascendentes e descendentes, quando faltar o consentimento dos outros descendentes e do cônjuge.

7.7.2. Despesas da troca

Salvo disposição em contrário, cada um dos contratantes pagará por metade das despesas com o instrumento da troca.

Mas é lícito às partes, com ampla liberdade, convencionarem sobre as despesas que julgarem convenientes aos seus interesses, mesmo que na troca haja volta. O que convencionarem as partes será válido de pleno direito.

7.7.3. Modelo de contrato particular de troca ou permuta

FULANO DE TAL e sua esposa (...) (qualificação) e BELTRANO DE TAL e sua esposa (...) (qualificação), como outorgados permutantes, reciprocamente outorgados, têm justo e contratado o seguinte:

1. Os primeiros dos acima qualificados declaram que são senhores possuidores de um lote de terreno no loteamento denominado (...) (caracterizar o lote com suas medidas e confrontações).

2. Que os segundos dos acima qualificados declaram que são senhores possuidores de um lote de terra (...) (caracterizar o lote com suas medidas e confrontações).

3. Que ambos os lotes descritos e caracterizados se encontram livres, desembaraçados e desimpedidos de quaisquer ônus, judiciais ou extraju-

diciais, bem como quites com os impostos, taxas etc. e que estão ambos regularmente matriculados no Cartório de Registro de Imóveis, conforme certidão anexa que fica fazendo parte integrante deste contrato, bem como se encontram registrados na Prefeitura local sob nºs (...).

4. Que as partes acima, como permutantes, têm, entre si, justo e convencionado permutá-los, como permutados estão, transferindo cada qual e reciprocamente um ao outro os imóveis referidos, com todas as cláusulas e garantias que são da substância desta natureza, obrigando-se fazer esta permuta por boa, firme e valiosa, e a responder pela evicção de direito, obrigando herdeiros e sucessores a qualquer título.

E assim, por estarem justos e contratados na forma acima, assinam o presente instrumento particular de troca em duas vias de igual teor na presença de duas testemunhas que a tudo assistiram e conhecimento tiveram.

Local e data

1ºs Outorgados

_____

_____

2ºs Outorgados

_____

_____

Testemunhas:

_____

_____

(qualificar as testemunhas)

8

FRAUDE NAS ALIENAÇÕES IMOBILIÁRIAS

8.1. Conceito de fraude

Fraude é o expediente, artifício, manobra, intentado com o objetivo de lesar ou enganar terceiros; toda manobra empregada para enganar um terceiro e causar-lhe prejuízo. A fraude materializa violação de obrigação pré-existente, ou seu inadimplemento ou, ainda, frustração à lei. A fraude à lei se caracteriza por violação da norma legal e deve provocar uma reação que conduz à nulidade do ato por ela inquinado.

No campo das transações imobiliárias, é muito comum a fraude à lei. A pessoa, geralmente, usa de procedimento aparentemente lícito. Ela altera deliberadamente a situação de fato para fugir à incidência da lei.

Uma das fraudes mais comuns nas transações imobiliárias é a venda de imóveis a descendentes, feita por meio de interposta pessoa, em prejuízo aos demais ascendentes. Este expediente, comumente usado nas transações imobiliárias, é fraude à lei.

8.2. Fraude na alienação de coisa própria

Comete estelionato, capitulado no art. 171 do Código Penal, § 2º, inciso II, quem vende, permuta, dá em pagamento ou em garantia coisa própria inalienável, gravada com ônus ou litigiosa, ou imóvel que prometeu vender a terceiro, mediante pagamento em prestações, por contrato de compromisso, silenciando sobre qualquer dessas circunstâncias.

O que caracteriza a fraude é o engano deliberado com o fim de lesar terceiro. Se o imóvel é próprio e gravado com ônus ou litigioso e inalienável e, enganando o comprador quanto a essa condição, constitui o crime do art. 171 do Código Penal (estelionato). Há a fraude porque, embora o imóvel lhe pertença, não pode dispor dele, visto ser inalienável, onerado ou litigioso, e esta situação não for cientificada ao comprador.

8.3. Dos ônus sobre imóveis

Muitos são os ônus que recaem sobre os imóveis, gravando-os como: *hipoteca, penhor, servidões, usufruto, enfiteuse etc.* O Código Civil em seu art. 2.038, proíbe novas enfetiuses, as já constituídas continuam de pleno direito até a sua extinção, por isso ainda é ônus. A venda, a permuta, a dação em pagamento ou em garantia de coisa própria gravada de ônus, omitindo o vendedor essa circunstância, constitui crime porque o ônus acompanha a coisa (imóvel) e a ela adere, na transferência operada.

Os impostos que pesam sobre o imóvel são tidos também como ônus reais; acompanham o imóvel que entra para o domínio do adquirente, tornando-se este responsável por sua satisfação. Outro encargo que, embora não seja direito real, mas pessoal que grava o imóvel e que constitui encargo ou ônus é a venda de imóvel locado com a cláusula expressa e registrada no Cartório de Registro de Imóveis, de permanência no imóvel, na hipótese de venda ou alienação.

Para que o vendedor não incorra na fraude nos casos de venda, permuta, dação em pagamento ou alienação em geral, é necessário que não silencie sobre o ônus ou encargos que pesam sobre o imóvel.

O que caracteriza o crime de fraude é o silêncio. A publicidade do registro não produz, perante a lei, os efeitos gerados no direito civil. Portanto, o vendedor deverá agir com muita lisura perante o comprador. Para o crime é suficiente, pois, o ato, escritura ou instrumento particular, com a ocorrência da vantagem indevida para o vendedor, silenciando sobre a circunstância de que o imóvel não está livre ou desembaraçado.

O imóvel a ser alienado deve, pois, estar livre e desembaraçado de quaisquer ônus, impostos ou taxas, devendo as partes munir-se das certidões negativas dos mesmos. As certidões negativas exoneram o imóvel e isentam o adquirente de toda responsabilidade.

Muitas são as formas de fraude nas transações imobiliárias, devendo, portanto, os intermediários como corretores ou advogados exigirem todos os documentos imprescindíveis às transações imobiliárias, que são a *conditio sine qua non* para segurança e validade do negócio.

Não cabe, nesta pequena obra de orientação, esgotar a matéria das fraudes nas transações imobiliárias, pois vasto é o campo de sua existência. Muitas são as formas de alienação de imóveis como: loteamentos, cessões, desmembramentos, hasta pública, compra e venda, promessa de compra e venda, com a cláusula de irrevogável e irretratável, escrituras por procuração etc.

Logo, o campo de atividade dos negócios imobiliários, e a atividade do corretor de imóveis ou do advogado é bastante complexo, devendo o profissional, para tanto, ter toda cautela no exercício de seu mister. Agir com zelo e todo cuidado para que terceiro de boa-fé não seja prejudicado por atos praticados pelos intermediários. Ciente o intermediário ou advogado de seu mister, que é de muita responsabilidade, não deve regatear com seus honorários ou comissão, fazendo de sua banca ou escritório uma praça de barganha ou de baratas concessões.

8.4. Recomendações sobre a corretagem

Frequentemente, são os corretores que exercem a mediação sem elaboração de contrato de corretagem, ou vêm exercendo de forma irregular, com instrumentos redigidos de improviso, na forma de autorização ou opção de venda, prestação de serviços e outros, sem observar a legislação da corretagem e do CRECI.

A Lei n° 6.530/1978, em seu art. 16, item VI, estabelece a competência ao Conselho Federal para elaboração de contrato padrão para os serviços de corretagens de imóveis, de observância obrigatória pelos inscritos. Surge, assim, o contrato-tipo, de conteúdo pré-determinado, e, mais do que simples formulário a ser livremente adotado, traz consigo a imperatividade dos preceitos, o que o classifica entre os contratos normativos.

À vista da imperatividade da referida Lei n° 6.530/1978, os corretores que a descumprirem, deixando de elaborar contrato para as transações, conforme o art. 20, inciso III, estão proibidos de anunciar publicamente proposta de transação.

Outra conveniência de feitura do contrato padrão, estabelecido por lei, é a de evitar o calote do vendedor, com o não pagamento da comissão. Com o contrato escrito, o corretor ou intermediário leva-o a pagar perdas e danos.

8.4.1. Da comissão

A comissão a que faz jus o intermediário ou corretor por seus serviços prestados é fixada pelo Conselho Federal, por meio de tabelas de preços.

8.4.2. Contravenção Penal

Ante a legislação vigente, não mais padece dúvidas de que a corretagem é devida exclusivamente ao corretor, cuja profissão é regulamentada. O exercício de corretagem por pessoas que não sejam corretores credenciados, incide no art. 47 da Lei das Contravenções Penais, por exercício ilegal da profissão.

Assim, devem, os corretores, atender aos dispositivos legais, elaborando o contrato padrão para as transações imobiliárias para evitar punições e não sofrer possíveis prejuízos por falta de documentação quando pleitearem judicialmente seus direitos.

Neste sentido, vale reiterar a necessidade da prévia inscrição dos corretores no CRECI, conforme art. 1° do Decreto n° 81.871 de 29.6.1978, ato que o legitima como técnico em transações imobiliárias.

Vide modelo de contrato padrão no item 1.19. deste livro.

9
Dos vícios no negócio imobiliário

9.1. Conceito de vício

Vício, conforme estabelece o art. 171, II, do Código Civil é um defeito capaz de invalidar o ato jurídico, resultante de erro, dolo, coação, estado de perigo, lesão ou fraude contra credores, acarretando a nulidade do negócio.

9.2. Ato jurídico

O ato jurídico é aquele que tem por fim imediato adquirir, resguardar, transferir, modificar ou extinguir direitos. Um dos pressupostos do negócio jurídico é a declaração da vontade, visando à produção de efeitos jurídicos. A declaração da vontade deve estar apoiada na lei, isto é, ser lícita, sã e escorreita. O ato jurídico para estar infectado de invalidade há de ser aquele defeituoso, vicioso, de valor jurídico apenas aparente, divorciado do ato verdadeiro e puro. Muitas são as causas que levam o ato a um resultado contrário às prescrições legais. A declaração da vontade é pressuposto de todo negócio jurídico, desde que não seja obtido por dolo, erro ou coação que torna a declaração da vontade inválida.

São anuláveis os atos jurídicos, quando as declarações da vontade emanarem de erro substancial. O erro substancial é uma noção inexata sobre a matéria que influencia a formação da vontade. Há três hipóteses de erro substancial:

a) erro sobre a natureza do ato negocial;

b) erro sobre o objeto principal da declaração;

c) erro sobre alguma das qualidades essenciais do projeto.

Os atos jurídicos são anuláveis por dolo, quando este for sua causa. Temos, no dolo, um ardil, esperteza, astúcia, manha, velhacaria, isto é, uma forma de enganar alguém. No âmbito penal, revela a intenção criminosa e no âmbito civil, todo um expediente astucioso que leva alguém a realizar um negócio que seja em seu proveito e prejudicial a terceiro. O dolo se assenta no erro dirigido à pessoa com quem está negociando, sempre por meio da má-fé. O dolo nasce da intenção dirigida para o ato tendente ao engano, isto é, com intenção contrária ao direito. O agente prevê e deseja o resultado ilícito. No contrato, o agente emprega um ardil, tendo por objeto surpreender a vítima, incluindo-se uma razão para contratar.

Temos, na coação, uma forma de constranger a pessoa, restringindo-lhe a liberdade. É forma de impor, obrigar, violentar, no sentido de tolher a vontade. O coagido age consentindo porque, muitas vezes, é um mal menor.

A coação reveste-se sob duas modalidades:

a) física ou material;

b) moral (vis compulsiva).

Na coação física, temos um constrangimento corpóreo, excluindo o consentimento da vítima, eliminando qualquer possibilidade de reação do coagido, tornando o ato nulo. O art. 151 do Código Civil determina que:

> Art. 151. A coação, para viciar a declaração da vontade, há de ser tal que inclua ao paciente fundado temor de dano iminente e considerável à sua pessoa, à sua família ou aos seus bens.
>
> Parágrafo único. Se disser respeito a pessoa não pertencente a família do paciente, o juiz, com base nas circunstâncias, decidirá se houve coação.

A coação moral, susceptível de anular ato negocial, há de ser a causa determinante do negócio jurídico, pois deverá haver um nexo causal entre o meio intimidativo e o ato realizado pela vítima, bem como, deve incutir, à vítima, um temor justificado, por submetê-la a um processo que lhe produza ou venha produzir dor, e, também que o temor diga respeito a um dano iminente, susceptível de atingir a pessoa da vítima, sua família ou aos seus bens. Mas se o ato coativo disser respeito a pessoa não pertencente a sua família, caberá ao juiz a decisão, se houve ou não a coação.

9.3. Simulação

A simulação é um vício negocial com intenção de violar a lei ou de prejudicar terceiros. A característica fundamental do negócio simulado é a divergência intencional entre a vontade e a declaração. É o fazer aparecer aos olhos de terceiros uma relação, que, na realidade, não existe. É uma vontade efêmera, fictícia, destinada precipuamente, a enganar terceiros ou público.

A simulação vem estampada no art. 167 do Código Civil que assim estabelece:

> Art. 167. É nulo o negócio jurídico simulado, mas subsistirá o que se dissimulou, se válido for na substância e na forma.
>
> § 1º. Haverá simulação nos negócios jurídicos quando:
>
> I – aparentarem conferir ou transmitir direitos a pessoas diversas daquelas às quais realmente se conferem, ou transmitem;

II – contiverem declaração, confissão, condição ou cláusula não verdadeira;

III – os instrumentos particulares forem antedatados, ou pós-datados.

§ 2º. Ressalvam-se os direitos de terceiros de boa-fé em face dos contraentes do negócio jurídico simulado.

A simulação, como vício social, consiste num desacordo intencional entre a vontade interna e a declarada para criar, aparentemente, um ato negocial que inexiste, ou para ocultar, sob determinada aparência, o negócio querido, enganando terceiro, acarretando a nulidade do negócio.

9.3.1. Simulação absoluta

Quando a declaração enganosa da vontade exprime um negócio jurídico bilateral ou unilateral, não havendo intenção de realizar ato negocial algum, temos a simulação absoluta.

9.3.2. Simulação relativa

A simulação relativa é a que resulta no intencional desacordo entre a vontade interna e a declarada.

Como exemplo, temos: terceiros de boa-fé, em face dos contraentes do negócio jurídico simulado. Havendo decretação da invalidade do negócio jurídico simulado, os direitos de terceiros de boa-fé, em face dos contratantes, devem ser respeitados.

O Código fala em negócio jurídico simulado, mas subsistirá o que se dissimulou.

A diferença entre simulação e dissimulação é que a simulação provoca uma falsa crença num estado real, a dissimulação oculta ao conhecimento de outrem uma situação existente, pretendendo, portanto, incutir, no espírito de alguém, a inexistência de uma situação real.

9.4. Modelo de ação reivindicatória de imóvel

EXMO. SR. DR. JUIZ DE DIREITO DA (...) VARA DA COMARCA DE (...)

(*Deixar 12 espaços*)

FULANO DE TAL e sua esposa SICRANA DE TAL (...) (qualificação completa), por seus advogado adiante assinado, vem, respeitosamente, perante V. Exa., propor ação REIVINDICATÓRIA, em face de BELTRANO DE TAL e sua esposa TETALIA DE TAL (...) (qualificar), expondo e requerendo o quanto segue:

1. Os Requerentes, por justo título e aquisição legal, são legítimos possuidores de uma pequena chácara no loteamento denominado "Campo Limpo", com as seguintes medidas e confrontações: (descrever o imóvel, com suas medidas e confrontações), imóvel esse devidamente matriculado no Cartório de Registro de Imóveis desta cidade de (...), sob número (...), fls. (...).

2. Informa a V. Exa. que o referido imóvel já se encontra matriculado há mais de trinta (30) anos, cujo alienante fora (...) (qualificar) e que esse havia adquirido por meio do formal de partilha de seus pais, também devidamente registrado no Cartório de Imóveis, formando, assim, uma cadeia sucessória por esses longos períodos, sem qualquer manifestação ou contestação de terceiros.

3. Acontece que BELTRANO DE TAL e sua esposa, aproveitando de um período em que o Requerente se acometera de doença, ficando acamado por quase quatro meses, de forma violenta, apossaram-se do imóvel em data de (...) / (...) / (...), posse essa sem causa jurídica.

4. Os Requerentes, tomando ciência dessa invasão, se dirigiram para o imóvel e constataram a realidade. Pediram a retirada dos invasores de forma amigável, sem lograr êxito. Depois dessa recusa, os Requerentes se dirigiram à Delegacia de Polícia e requereram fosse feito um Boletim de Ocorrência para fins de direito (doc. anexo).

5. Estabelece o art. 1.228 do Código Civil que: *O proprietário tem a faculdade de usar, gozar e dispor da coisa, e o direito de reavê-la do poder de quem quer que injustamente a possua ou detenha.*

A expressão *"reavê-la do poder de quem que injustamente a possua ou detenha",* contida na parte final do artigo acima, nada mais é do que o direito de *sequela*, que dá o ensejo à ação reivindicatória.

Pelo exposto, requerem de V. Exa., a citação dos Requeridos no endereço supra para todos os termos da presente ação para contestá-la, se quiserem, para, ao final, ser julgada procedente a ação proposta, com a condenação dos Requeridos nas custas processuais, honorários advocatícios e demais cominações de direito. Assim sendo, pede-se pela reintegração de posse.

Protestam provar suas alegações por todos os meios de provas em direito permitidas, inclusive, requerem, desde já, a oitiva dos Requeridos, sob pena de confesso, oitiva de testemunhas abaixo arroladas que compareceram à audiência que for designada por V. Exa., independentemente de intimações (ou pedir intimação), juntada de documentos, perícias.

Dá-se à causa o valor de R$ (...) (por extenso), para efeitos fiscais.

Termos em que

Pedem deferimento.

Local e data

Assinatura do Advogado

Rol de testemunhas:

1._____

Nome completo e endereço

2._____

Idem, idem

3._____

Idem, idem

9.5. MODELO DE AÇÃO ANULATÓRIA DE VENDA DE IMÓVEL DE ASCENDENTE A DESCENDENTE SEM O CONSENTIMENTO DOS DEMAIS

EXMO. SR. DR. JUIZ DE DIREITO DA (...) VARA DA COMARCA DE (...)

(Deixar 12 espaços)

FULANO DE TAL (qualificar) por seu advogado adiante assinado, vem respeitosamente, à presença de V. Exa., propor a presente AÇÃO ANULATÓRIA em face de BELTRANO DE TAL (qualificar) – expondo e requerendo o quanto segue:

1. O Requerente é filho de SICRANO DE TAL e de D. ZULA DE TAL (qualificar) (...), sendo o último dos filhos e que agora completou dezoito (18) anos de idade, conforme se comprova pela inclusa certidão de nascimento.

2. Acontece que o seu irmão, BELTRANO DE TAL, conseguiu, sem o consentimento dos demais irmãos, comprar de seus pais, já ido-

sos e sem qualquer condição de aferir preços, o apartamento da Rua das Flores, 57, desta cidade, e alugou o referido imóvel. (Certidão do imóvel e contrato de locação anexos).

3. A compra fora feita por R$ (...) (por extenso), preço irrisório e completamente fora de mercado, conforme se comprova pelas avaliações anexas, feitas por três imobiliárias conceituadas desta cidade. (Avaliações anexas).

4. A venda, nestas condições, por preço baixo, sem o consentimento dos demais, encobre uma doação e fere o dispositivo do Código Civil, art. 496, *caput*, que assim estabelece: "É anulável a venda de ascendente a descendente, salvo se os outros descendentes e o cônjuge do alienante expressamente houver consentido.

Parágrafo único. Em ambos os casos, dispensa-se o consentimento do cônjuge se o regime de bens for o da separação obrigatória".

A vista do exposto, vem, perante V. Exa. requerer:

a) a citação de Beltrano de tal, seu irmão, no endereço acima para contestar a ação, se quiser, no prazo legal, sob pena de revelia;

b) julgar procedente o pedido para o fim de anular a referida escritura de compra e venda e respectivo registro expedindo-se o mandado para averbação da anulação junto ao Cartório que lavrou a escritura e ao registro no Cartório de Registro de Imóveis para que o cancele;

c) condenar o Requerido ao pagamento das custas processuais, honorários advocatícios e demais cominações de direito.

Protesta provar o alegado por todos os meios de provas em direito admitidas, se necessário for, pois a prova apresentada já satisfaz o provado.

Dá-se a causa o valor de R$ (...) (por extenso)

Termos em que, com os inclusos documentos

P. deferimento

Local e data

Assinatura do Advogado

9.6. Modelo de pedido de suprimento da outorga uxória

EXMO. SR. DR. JUIZ DE DIREITO DA (...) VARA DA COMARCA DE (...)

(Deixar 12 espaços)

FULANO DE TAL (...) (qualificar), por seu advogado adiante assinado, vem, respeitosamente, perante V. Exa. requerer SUPRIMENTO DA OUTORGA UXÓRIA, em face de sua mulher, BELTRANA DE TAL (...) (qualificar), expondo e requerendo o seguinte:

1. Que o Requerente é casado com BELTRANA DE TAL, no regime da separação de bens, nos termos do art. 1.641 do Código Civil em data de (...) de (...) do ano de (...)

2. Que o casal, logo após as suas núpcias, se desentendeu e desse desentendimento surgiu separação de fato, situação essa que perdura até o momento.

3. O cônjuge varão possui uma casa e seu respectivo terreno, localizado na Rua (descrever o imóvel), conforme se comprova pela inclusa certidão do Cartório de Registro de Imóveis desta cidade.

4. Dito imóvel foi adquirido em data de (...) de (...) do ano de (...), portanto, anterior ao casamento.

5. O cônjuge varão necessita vender o imóvel para saldar dívida com o Banco (...), conforme se comprova pela inclusa notificação, e não consegue a anuência da sua mulher.

À *vista do exposto, com fundamento no art. 1.648 do Código Civil, combinado com o art. 11 do Código de Processo Civil*, requer-se de V. Exa. o SUPRIMENTO DA OUTORGA UXÓRIA, a fim de que possa o Requerente transacionar o imóvel referido, para o fim especial de liquidar o seu débito junto ao Banco (...)

Requer, ainda, a oitiva do representante do Ministério Público e a expedição de mandado de citação de sua mulher para se manifestar sobre o pedido, no endereço supra, sob pena de revelia.

Assim sendo, com base no art. 11 do referido Código de Processo Civil, espera seja, afinal, julgado procedente o pedido, para o efeito de lhe ser autorizado o alvará judicial para que possa o Requerente promover a escritura definitiva do imóvel e o seu competente registro no Cartório de Registro de Imóveis.

Nestes termos, dando-se à causa o valor de R$ (...) (por extenso) D. A. com os documentos inclusos,

P. deferimento.

Local e data

_____
Assinatura do Advogado

10

PARTE PRÁTICA

AÇÕES MAIS COMUNS NA CORRETAGEM – MODELOS

10.1. AÇÃO DE COBRANÇA DE CORRETAGEM

[Pelo rito sumário de valor não excedente a 60 (sessenta) salários mínimos]

EXMO. SR. DR. JUIZ DE DIREITO DA (...) VARA DA COMARCA DE (...)

(Deixar 10 espaços)

FULANO DE TAL (...) (qualificação), por seu advogado adiante assinado, vem, respeitosamente, à presença de V. Exa., propor a presente AÇÃO DE COBRANÇA DE CORRETAGEM, pelo rito sumário, com base no art. 275 do Código de Processo Civil, em face de BELTRANO DE TAL (...) (qualificação), expondo e requerendo o quanto segue:

1. O Requerente, na qualidade de Corretor de Imóveis, devidamente credenciado sob nº (...) (mencionar o número do CRECI), conven-

cionou com o Requerido o valor de seis por cento (6%) para os seus serviços profissionais de corretagem para a venda do imóvel (...) (mencionar o imóvel), mediante contrato por escrito. (Doc. 01).

2. Em meados do mês de maio do corrente ano, o Requerente apresentou o Sr. (...) ao Requerido e com o qual foi entabulado o negócio, vindo o mesmo a adquirir o referido imóvel nas condições estabelecidas pelo Requerido e vendedor.

3. Esclarece, ainda, que a escritura definitiva do referido imóvel foi lavrada no Segundo Cartório de Notas desta cidade, em data de (...) de (...) do ano (...), cuja documentação foi apresentada pelo Requerente, conforme se comprova pelos inclusos documentos e recibos. (Docs....).

4. Acontece, porém, que o Requerente, após a conclusão do negócio, apresentou sua conta final ao Requerido e este se negou a pagá-la e nem mesmo justificou sua recusa.

5. Informa a V. Exa. que o Requerente fez várias gestões junto ao Requerido para receber sua comissão, no valor de R$ (...) (por extenso), pois o imóvel fora vendido por R$ (...) (por extenso), sem lograr êxito.

Assim sendo, diante do exposto, requer-se de V. Exa. a citação do Requerido no endereço acima para comparecer à audiência que for designada, oferecer a defesa que quiser.

Requer, finalmente, seja julgada procedente a presente ação, com a condenação do Requerido ao pagamento da quantia de R$ (...) (por extenso), valor da comissão de seis (6%), custas processuais e honorários advocatícios na base de 20% sobre o valor da condenação.

Indica, desde já, como testemunhas os abaixo arrolados, como provas, e requer a oitiva do Requerido, sob pena de confesso, juntada de documentos e as demais que se fizerem necessárias.

Termos em que, dando-se à causa o valor de R$ (...) (por extenso), inferior a 60 (sessenta) salários mínimos vigente no país,

P. deferimento

Local e data

_____
Assinatura do Advogado

ROL DE TESTEMUNHAS:

Nome e endereço _____

Nome e endereço _____

Nome e endereço _____

Notas:

1. Caso o valor da comissão ultrapasse a 60 (sessenta) salários mínimos vigente no país, a ação deverá ser proposta pelo rito ordinário. Há tribunais que não admitem o rito sumário (antigo sumaríssimo) para as ações de cobrança de comissão.

2. Até 40 (quarenta) salários mínimos pode-se propor ação nos Juizados Especiais Cíveis. Após a edição da Lei nº 10.259/2001, alguns doutrinadores entendem ser este valor alterado para 60 (sessenta) salários mínimos.

10.2. NOTIFICAÇÃO JUDICIAL POR ATRASO NO PAGAMENTO

EXMO. SR. DR. JUIZ DE DIREITO DA (...) VARA DA COMARCA DE (...)

(Deixar 10 espaços)

FULANO DE TAL (...) (qualificação), por seu advogado adiante assinado, vem, respeitosamente, a presença de V. Exa. para requerer a presente

NOTIFICAÇÃO JUDICIAL

em face de BELTRANO DE TAL (...) (qualificação), expondo e requerendo o quanto segue:

1. O Requerente prometeu vender ao Requerido, por meio de contrato Particular de Compromisso de Compra e Venda um lote de terreno situado no loteamento denominado (...), constituído pelo lote n° (...) da quadra n° (...), para ser pago em trinta e seis (36) prestações mensais e iguais no valor de R$ (...) (por escrito), representadas por notas promissórias, numeradas de um (1) a trinta e seis (36), vencíveis a partir de (...) de (...) do ano de (...)

2. Do referido contrato ficou constando do contrato, cláusula n° (...) que o atraso de duas (2) prestações consecutivas daria azo à rescisão contratual. (Doc. 1).

3. Acontece, porém, que o Requerido pagou somente a primeira e a segunda prestações, vencidas em (...) de (...) e em (...) de (...) do corrente ano e nada mais.

Nestas condições, quer NOTIFICAR o Requerido para efetuar o pagamento das prestações em atraso (...) (mencionar as prestações em atraso), no prazo improrrogável de trinta (30) dias, sob pena de caracterizar-se a mora, e, consequentemente, o direito do Requerente de propor a competente AÇÃO DE RESCISÃO CONTRATUAL.

Pelo exposto e do mais que certamente será suprido por V. Exa., pede e espera que se digne mandar NOTIFICAR o Requerido no endereço acima, para no prazo de trinta (30) dias efetuar o pagamento das prestações em atraso, sob pena de mora.

Outrossim, requer que, após observadas as formalidades de estilo, lhe sejam entregues os autos, independente de traslado, nos termos do art. 872 do Código de Processo Civil.

Dando-se ao pedido o valor de R$ (...),

Espera deferimento.

Local e data

―――――――――――――――
Assinatura do Advogado

10.3. Ação rescisória de contrato

EXMO. SR. DR. JUIZ DE DIREITO DA (...) VARA DA COMARCA DE (...)

(Deixar 10 espaços)

FULANO DE TAL (...) (qualificação), por seu advogado adiante assinado, vem, respeitosamente, perante V. Exa., propor a presente AÇÃO ORDINÁRIA DE RESCISÃO CONTRATUAL, em face de BELTRANO DE TAL (...) (qualificação), expondo e requerendo o quanto segue:

1. Por contrato particular de Compromisso de Compra e Venda, devidamente registrado no Cartório de Registro de Imóveis desta cidade de (...), no livro (...) fls. (...), o Requerente prometeu vender o lote nº (...) da quadra nº (...) do loteamento denominado (...), desta cidade, ao Requerido, pelo preço certo e ajustado de R$ (...) (por extenso), conforme contrato anexo (Doc. 1).

2. O referido preço acima foi dividido em trinta e seis (36) prestações mensais, iguais de R$ (...) (por extenso), com início em (...) de (...)

do ano de (...) e término em (...) de (...) do ano de (...), representadas por notas promissórias numeradas de 1 a 36, pagando o Requerido somente duas prestações de números 1 e 2 e nada mais.

3. O Requerente notificou o Requerido para que atualizasse o débito, sob pena de ser constituído em mora, e ser rescindido o referido contrato particular de compromisso. (Notificação anexo – doc. 02).

4. Como se vê pela notificação, o Requerido ficou constituído em mora pela falta dos pagamentos devidos e sem qualquer justificativa.

Assim sendo, requer-se de V. Exa., se digne mandar citar o Requerido no endereço supra para que conteste a ação, dentro do prazo legal, caso queira, sob pena de revelia.

Requer, ainda, a condenação do Requerido no pedido feito, em todos os seus termos, para rescindir o contrato particular de Compromisso de Compra e Venda, perda das benfeitorias, caso existentes no imóvel, nos termos do contrato de compromisso; a reintegração da posse a favor do Requerente; a decretação de cancelamento do referido registro no Cartório de Registro de Imóveis; a condenação do Requerido nas custas processuais, honorários advocatícios e demais cominações de direito.

Indica como prova o depoimento do Requerido, testemunhas, juntada de documentos e as demais que se fizerem necessárias.

Dá-se a causa o valor de R$ (...)

Nestes termos

P. deferimento.

Local e data

Assinatura do Advogado

10.4. Ação anulatória de venda de imóvel

EXMO. SR. DR. JUIZ DE DIREITO DA (...) VARA DA COMARCA DE (...)

(Deixar 10 espaços)

FULANO DE TAL e sua mulher (...) (qualificação), por seu advogado adiante assinado, vêm, respeitosamente, a presença de V. Exa., propor a presente AÇÃO ANULATÓRIA DE VENDA DE IMÓVEL, em face de BELTRANO DE TAL (...) e sua mulher (...) (qualificação), expondo e requerendo o quanto segue:

1. Os Requerentes são legítimos proprietários do imóvel (descrever o imóvel), por escritura de Compra e Venda, devidamente registrada no Cartório de Registro de Imóveis desta cidade de (...), conforme se comprova pela inclusa certidão.

2. Que em data de (...) de (...) do ano de (...), os senhores loteadores, ora Requeridos, por descontrole de seus negócios ou de má-fé, prometeram a venda do referido imóvel a B.C e sua mulher, conforme se comprova pela inclusa escritura.

3. Os Requerentes tentaram resolver a questão de forma amigável, procurando os Requeridos, ora loteadores e também os compromitentes compradores, para o fim de tornar nulo o pretendido compromisso de Compra e Venda feito pelos Requeridos, sem lograr êxito em seus propósitos, havendo a alegação dos Requeridos de que estavam seguros do que estavam fazendo e que o engano era nosso.

À vista do exposto, não têm, os Requerentes, outro caminho senão recorrer à justiça, por meio da presente ação, para fazer valer seus direitos, com a competente AÇÃO ANULATÓRIA contra os

Requeridos loteadores, do referido contrato feito a B. C. e sua mulher, pedindo a citação dos Requeridos para contestarem a ação, se quiserem, sob pena de revelia, citando, ainda, os compromissários compradores B. C. e sua mulher (qualificação) para integrarem a lide, dentro do prazo legal, sob pena de revelia.

Outrossim, requerem seja julgada procedente a ação, para anular o referido contrato de Compromisso de Compra e Venda, condenando os Requeridos nas custas processuais, honorários advocatícios e demais cominações de direito.

Indicam como provas o depoimento pessoal dos Requeridos e integrantes da lide, prova pericial, juntada de documentos, testemunhal e as demais que se fizerem necessárias.

Dá-se a causa o valor de R$ (...).

Termos em que

Pedem deferimento.

Local e data

_____
Assinatura do Advogado

10.5. Adjudicação de imóvel a pedido do comprador

EXMO. SR. DR. JUIZ DE DIREITO DA (...) VARA DA COMARCA DE (...)

(Deixar 10 espaços)

FULANO DE TAL (...) (qualificação), por seu advogado adiante assinado, vem, respeitosamente, perante V. Exa., propor a presente ação de ADJUDICAÇÃO COMPULSÓRIA, no procedimento SUMÁRIO, em face de BELTRANO DE TAL (...) (qualificação), expondo e requerendo o seguinte:

1. O Requerente adquiriu do Requerido, por contrato particular de Compromisso de Compra e Venda, em data de (...) de (...) do ano de (...), um lote de terreno localizado no loteamento denominado (...), desta cidade de (...), na Rua (...), constituído do lote nº (...) da quadra nº (...), conforme se comprova pelo incluso instrumento, devidamente registrado no Cartório de Registro de Imóveis.

2. Conforme o estabelecido no contrato, o Requerente satisfez integralmente os pagamentos das prestações nos seus respectivos vencimentos, conforme se comprova pelos inclusos recibos das prestações, sendo a última paga no dia (...) de (...) do ano de (...).

3. Com o pagamento final, procurou o Requerente receber a escritura definitiva do Requerido, no que não logrou êxito, recebendo desculpas injustificáveis e protelatórias.

4. O fato foi devidamente testemunhado pelos senhores (...) e (...), inclusive tem o Requerente um bilhete do Requerido, pedindo desculpas por não poder satisfazer o seu pedido, alegando outros compromissos mais importantes. (Doc. 01 – Anexo)

Pelo exposto, com base no Decreto-Lei nº 58/1937, art. 16, requer-se de V. Exa., a ADJUDICAÇÃO COMPULSÓRIA do imóvel referido, ao Requerente, pedindo a citação do Requerido no endereço acima para comparecer à audiência que for designada por V. Exa. de conciliação, nos termos do art. 277 do Código de Processo Civil, e nos termos do art. 278 do referido Código para que ofereça resposta, se quiser, sob pena de revelia.

Pede, finalmente, seja julgada procedente a ação pleiteada, para adjudicar o imóvel, objeto do contrato particular de Compromisso de Compra e Venda, ao Requerente, condenando o Requerido nas custas processuais, honorários advocatícios e demais cominações de direito.

Indica como testemunhas o rol abaixo, as quais compareceram independente de intimação (ou pedir intimação), na audiência designada por V. Exa., depoimento pessoal do Requerido e as demais que se fizerem necessárias.

Dá-se à causa o valor de R$ (...)

Nestes termos

P. deferimento

Local e data

Assinatura do Advogado

ROL DE TESTEMUNHAS

10.6. Adjudicação de imóvel a pedido do vendedor

EXMO. SR. DR. JUIZ DE DIREITO DA (...) VARA DA COMARCA DE (...)

(Deixar 10 espaços)

FULANO DE TAL (...) (qualificação), por seu advogado adiante assinado, vem, respeitosamente, perante V. Exa., propor ação de ADJUDICAÇÃO COMPULSÓRIA, pelo procedimento SUMÁRIO, em face de BELTRANO DE TAL (...) (qualificação), expondo e requerendo o seguinte:

1. O Requerente vendeu ao Requerido, por contrato particular de Compromisso de Compra e Venda, um lote de terreno (descrever o lote de terreno), conforme se comprova pelo incluso documento, devidamente registrado no Cartório de Registro de Imóveis.

2. O Requerido satisfez integralmente os pagamentos das prestações, sendo a última liquidada em (...) de (...) do ano de (...), conforme se vê pelo incluso documento.

3. A partir da data do último pagamento do referido contrato, vem o Requerente desenvolvendo gestões junto ao comprador, ora Requerido, para que este recebesse a escritura definitiva, o que não logrou êxito pelas escusas do Requerido, alegando que comprou o lote para negócios e que não interessa receber a escritura.

4. O Requerente notificou o Requerido para que viesse receber a escritura, sob pena de ser constituído em mora, conforme se comprova pela juntada da notificação.

Pelo exposto, nos termos do art. 17 do Decreto-Lei nº 58/1937 e demais legislação vigente, requer-se de V. Exa. a intimação judicial do Requerido, no endereço supra, para que, no prazo de trinta (30) dias, receba a escritura definitiva do referido lote compromissado, sob pena de ser depositado judicialmente, por conta e risco do Requerido, que responderá pelas despesas processuais e custas do depósito, nestas condições desde já requeridas.

Dá-se a causa o valor de R$ (...)

Termos em que

P. deferimento

Local e data

Assinatura do Advogado

10.7. Ação de evicção

EXMO. SR. DR. JUIZ DE DIREITO DA (...) VARA DA COMARCA DE (...)

(Deixar 10 espaços)

FULANO DE TAL (...) (qualificação), por seu advogado adiante assinado, vem, respeitosamente, à presença de V. Exa., propor a presente ação de EVICÇÃO, em face de BELTRANO DE TAL e sua mulher (...) (qualificação), expondo e requerendo o quanto segue:

1. Que por escritura pública de Compra e Venda, conforme documento anexo (Doc. 01), o Requerente adquiriu, de BELTRANO DE TAL e sua mulher, uma pequena casa residencial nesta cidade de (...), na Rua (...) nº (...), e que recebeu a seguinte matrícula (...), no Cartório de Registro de Imóveis, imóvel esse adquirido por R$ (...) (por extenso).

2. Que em data de (...) de (...) do ano de (...) SICRANO DE TAL (...) (qualificação) ingressou com uma ação anulatória da referida venda feita por seus pais BELTRANO DE TAL e sua esposa, sob alegação de que seus pais estavam em idade avançada e sofriam de doença da mente, o que conseguiram, conforme processo nº (...) (sentença em anexo – Doc. 02).

3. Assim, pela sentença anulatória de Compra e Venda, o Requerente ficou despojado do que havia comprado e quer fazer valer seus direitos de evicção, nos termos dos arts. 447 a 457 do Código Civil, cuja finalidade é a de ser indenizado de todo o pagamento e de todas as despesas feitas, acrescidos dos juros e correção monetária.

À vista do exposto, requer-se, de V. Exa., a citação de BELTRANO DE TAL e sua mulher para contestarem o feito, dentro do prazo legal, se quiserem, sob pena de revelia.

Outrossim espera o Requerente seja a ação julgada procedente com a condenação dos Requeridos no valor da indenização, custas processuais, honorários advocatícios e demais cominações de direito.

Protesta provar o alegado por todos os meios de direito admitidos.

Dá-se à causa o valor de R$ (...)

P. deferimento.

Local e data

───────────────────

Assinatura do Advogado

10.8. Ação de remissão — imóvel hipotecado

EXMO. SR. DR. JUIZ DE DIREITO DA (...) VARA DA COMARCA DE (...)

(Deixar 10 espaços)

FULANO DE TAL (...) (qualificação), por seu advogado adiante assinado, vem, respeitosamente, a presença de V. Exa., propor em face de BELTRANO DE TAL (...) (qualificação) a presente ação de REMISSÃO DE IMÓVEL HIPOTECADO, expondo e requerendo o quanto segue:

1. Que por escritura pública de Compra e Venda, devidamente matriculado no Cartório de Registro de Imóveis desta cidade de (...), sob nº (...) fls. (...), o Requerente comprou de SICRANO DE TAL e sua esposa, uma casa residencial desta cidade de (...), pelo preço de R$ (...) (por extenso).

2. No entanto, o referido imóvel encontra-se hipotecado a BELTRANO DE TAL pela quantia de R$ (...) (por extenso), quantia essa que o vendedor SICRANO DE TAL tomou por empréstimo de BELTRANO DE TAL.

3. Não pretendendo continuar com o ônus que grava o imóvel, o Requerente quer liberar o imóvel da referida hipoteca, pagando ao credor a dívida pela importância do valor da propriedade.

Conforme faculta o art. 1.481 do Código Civil, dentro de trinta (30) dias, contados do registro do título aquisitivo, tem o adquirente do imóvel hipotecado o direito de remi-lo, citando os credores hipotecários e não propondo importância não inferior ao preço por que o adquiriu. E nesta forma quer o adquirente exercer o seu direito.

Assim sendo, vem, respeitosamente, o Requerente propor contra BELTRANO DE TAL, já qualificado a presente ação de remissão do imóvel hipotecado, requerendo o quanto segue:

a) seja notificado o credor hipotecário para que venha receber o preço de R$ (...), valor da hipoteca, sob pena de, não atendendo a notificação ou impugnando o preço proposto, seja realizada a licitação, efetuando-se a venda judicial a quem oferecer o melhor preço, assegurando ao adquirente preferência do imóvel.

b) não impugnado pelo credor, o preço da aquisição ou o preço proposto pelo adquirente, seja fixado definitivamente a remissão do imóvel, livrando-o da hipoteca, uma vez pago ou depositado o preço.

Assim sendo, nos termos propostos requer-se de V. Exa., por bem julgar a remissão por sentença, extinguindo-se a dívida hipotecária.

Dando-se a causa o valor de R$ (...),

P. deferimento.

Local e data

Assinatura do Advogado

10.9. Distrato por mútuo acordo

Rescisão contratual de Compromisso de Compra e Venda

FULANO DE TAL e sua mulher (...) (qualificação), na qualidade de VENDEDORES e BELTRANO DE TAL (...) (qualificação), na qualidade de COMPRADOR, têm justo e contratado, pelo presente contrato, RESCINDIR o contrato particular de Compromisso de Compra e Venda feito entre as partes, referente ao imóvel (transcrever o imóvel), em data de (...) de (...) do ano de (...), nos termos do art. 472 do Código Civil, mediante as seguintes condições abaixo:

1. A rescisão se opera de pleno direito, a partir desta data (ou a que for indicada), mediante assinatura das partes e de duas testemunhas.

2. Neste ato o COMPRADOR entrega as chaves do imóvel (se for prédio), plenamente desocupado e nas condições recebidas, dando plena posse do imóvel.

3. As partes dão-se por quitadas de quaisquer quantias ou valores, para nada mais reclamar ou exigir em tempo algum quanto a presente rescisão que é de caráter irrevogável e irretratável.

4. Fica eleito o foro da cidade de (...) para dirimir qualquer dúvida oriunda do presente contrato de rescisão (ou eleger o foro do imóvel).

E, assim, na forma acima, por estarem justos e contratados, assinam o presente contrato de distrato ou rescisão em duas vias de igual teor, na presença de duas testemunhas.

Local e data

VENDEDORES

_____

_____

COMPRADOR

_____

TESTEMUNHAS:

_____
_____
_____

Anexo – Legislação

1. Código Civil
Lei nº 10.406, de 10 de janeiro de 2002 (Excertos)

Capítulo XIII – Da Corretagem

Art. 722. Pelo contrato de corretagem, uma pessoa, não ligada a outra em virtude de mandato, de prestação de serviços ou por qualquer relação de dependência, obriga-se a obter para a segunda um ou mais negócios, conforme as instruções recebidas.

Art. 723. O corretor é obrigado a executar a mediação com diligência e prudência, e a prestar ao cliente, espontaneamente, todas as informações sobre o andamento do negócio.

• *Art. 723, caput, com redação dada pela Lei nº 12.236/2010.*

Parágrafo único. Sob pena de responder por perdas e danos, o corretor prestará ao cliente todos os esclarecimentos acerca da segurança ou do risco do negócio, das alterações de valores e de outros fatores que possam influir nos resultados da incumbência.

• *Parágrafo único acrescido pela Lei nº 12.236/2010.*

Art. 724. A remuneração do corretor, se não estiver fixada em lei, nem ajustada entre as partes, será arbitrada segundo a natureza do negócio e os usos locais.

Art. 725. A remuneração é devida ao corretor uma vez que tenha conseguido o resultado previsto no contrato de mediação, ou ainda que este não se efetive em virtude de arrependimento das partes.

Art. 726. Iniciado e concluído o negócio diretamente entre as partes, nenhuma remuneração será devida ao corretor; mas se, por escrito, for ajustada a corretagem com exclusividade, terá o corretor direito à remuneração integral, ainda que realizado o negócio sem a sua mediação, salvo se comprovada sua inércia ou ociosidade.

Art. 727. Se, por não haver prazo determinado, o dono do negócio dispensar o corretor, e o negócio se realizar posteriormente, como fruto da sua mediação, a corretagem lhe será devida; igual solução se adotará se o negócio se realizar após a decorrência do prazo contratual, mas por efeito dos trabalhos do corretor.

Art. 728. Se o negócio se concluir com a intermediação de mais de um corretor, a remuneração será paga a todos em partes iguais, salvo ajuste em contrário.

Art. 729. Os preceitos sobre corretagem constantes deste Código não excluem a aplicação de outras normas da legislação especial.

....

2. Lei nº 6.530, de 12 de maio de 1978

Dá nova regulamentação à profissão de Corretor de Imóveis, disciplina o funcionamento de seus órgãos de fiscalização e dá outras providências.

O Presidente da República,

Faço saber que o Congresso Nacional decreta e eu sanciono a seguinte Lei:

Art. 1º. O exercício da profissão de Corretor de Imóveis, no território nacional, é regido pelo disposto na presente lei.

Art. 2º. O exercício da profissão de Corretor de Imóveis será permitido ao possuidor de Título de Técnico em Transações Imobiliárias.

Art. 3º. Compete ao Corretor de Imóveis exercer a intermediação na compra, venda, permuta e locação de imóveis, podendo, ainda, opinar quanto à comercialização imobiliária.

Parágrafo único. As atribuições constantes deste artigo, poderão ser exercidas, também, por pessoa jurídica inscrita nos termos desta Lei.

Art. 4º. A inscrição do Corretor de Imóveis e da pessoa jurídica será objeto de Resolução do Conselho Federal de Corretores de Imóveis.

Art. 5º. O Conselho Federal e os Conselhos Regionais são órgãos de disciplina e fiscalização do exercício da profissão de Corretor de Imóveis, constituídos em autarquia, dotada de personalidade jurídica de direito público, vinculada ao Ministério do Trabalho, com autonomia administrativa, operacional e financeira.

Art. 6º. As pessoas jurídicas inscritas no Conselho Regional de Corretores de Imóveis sujeitam-se aos mesmos deveres e têm os mesmos direitos das pessoas físicas nele inscritas.

Parágrafo único. As pessoas jurídicas a que se refere este artigo deverão ter como sócio-gerente ou diretor um Corretor de Imóveis individualmente inscrito.

Art. 7º. Compete ao Conselho Federal e aos Conselhos Regionais representar, em juízo ou fora dele, os legítimos interesses da categoria profissional, respeitadas as respectivas áreas de competência.

Art. 8º. O Conselho Federal terá sede e foro na Capital da República e jurisdição em todo o território nacional.

Art. 9º. Cada Conselho Regional terá sede e foro na Capital do Estado, ou de um dos Estados ou Territórios da jurisdição, a critério do Conselho Federal.

Art. 10. O Conselho Federal será composto por dois representantes, efetivos e suplentes, de cada Conselho Regional, eleitos dentre os seus membros.

Art. 11. Os Conselhos Regionais serão compostos por vinte e sete membros efetivos e igual número de suplentes, eleitos em chapa pelo sistema de voto pessoal indelegável, secreto e obrigatório, dos profissionais inscritos, sendo aplicável ao profissional que deixar de votar, sem causa justificada, multa em valor máximo equivalente ao da anuidade.

• *Art. 11 com redação dada pela Lei nº 10.795/2003.*

Art. 12. Somente poderão ser membros do Conselho Regional os Corretores de Imóveis com inscrição principal na jurisdição há mais de dois anos e que não tenham sido condenados por infração disciplinar.

Art. 13. Os Conselhos Federal e Regionais serão administrados por uma diretoria, eleita dentre os seus membros.

§ 1º. A diretoria será composta de um presidente, dois vice-presidentes, dois secretários e dois tesoureiros.

§ 2º. Junto aos Conselhos Federal e Regionais funcionará um Conselho Fiscal, composto de três membros, efetivos e suplentes, eleitos dentre os seus membros.

Art. 14. Os membros do Conselho Federal e dos Conselhos Regionais terão mandato de três anos.

Art. 15. A extinção ou perda de mandato de membro do Conselho Federal e dos Conselhos Regionais ocorrerá:

I – por renúncia;

II – por superveniência de causa de que resulte o cancelamento da inscrição;

III – por condenação a pena superior a dois anos, em virtude de sentença transitada em julgado;

IV – por destituição de cargo, função ou emprego, relacionada à prática de ato de improbidade na administração pública ou privada, em virtude de sentença transitada em julgado;

V – por ausência, sem motivo justificado, a três sessões consecutivas ou seis intercaladas em cada ano.

Art. 16. Compete ao Conselho Federal:

I – eleger sua diretoria;

II – elaborar e alterar seu regimento;

III – aprovar o relatório anual, o balanço e as contas de sua diretoria, bem como a previsão orçamentária para o exercício seguinte;

IV – criar e extinguir Conselhos Regionais e Sub-Regiões, fixando-lhes a sede e jurisdição;

V – baixar normas de ética profissional;

VI – elaborar contrato padrão para os serviços de corretagem de imóveis, de observância obrigatória pelos inscritos;

VII – fixar as multas, anuidades e emolumentos devidos aos Conselhos Regionais;

VIII – decidir as dúvidas suscitadas pelos Conselhos Regionais;

IX – julgar os recursos das decisões dos Conselhos Regionais;

X – elaborar o regimento padrão dos Conselhos Regionais;

XI – homologar o regimento dos Conselhos Regionais;

XII – aprovar o relatório anual, o balanço e as contas dos Conselhos Regionais;

XIII – credenciar representante junto aos Conselhos Regionais, para verificação de irregularidades e pendências acaso existentes;

XIV – intervir temporariamente nos Conselhos Regionais, nomeando diretoria provisória, até que seja regularizada a situação ou, se isso não ocorrer, até o término do mandato:

a) se comprovada irregularidade na administração;

b) se tiver havido atraso injustificado no recolhimento da contribuição;

XV – destituir diretor de Conselho Regional, por ato de improbidade no exercício de suas funções;

XVI – promover diligências, inquéritos ou verificações sobre o funcionamento dos Conselhos Regionais e adotar medidas para sua eficiência e regularidade;

XVII – baixar resoluções e deliberar sobre os casos omissos.

§ 1º. Na fixação do valor das anuidades referidas no inciso VII deste artigo, serão observados os seguintes limites máximos:

- § *1º, caput, acrescido pela Lei nº 10.795/2003.*

I – pessoa física ou firma individual: R$ 285,00 (duzentos e oitenta e cinco reais);

- *Inciso I acrescido pela Lei nº 10.795/2003.*

II – pessoa jurídica, segundo o capital social:

• *Inciso II, caput, acrescido pela Lei nº 10.795/2003.*

a) até R$ 25.000,00 (vinte e cinco mil reais): R$ 570,00 (quinhentos e setenta reais);

• *Alínea "a" acrescida pela Lei nº 10.795/2003.*

b) de R$ 25.001,00 (vinte e cinco mil e um reais) até R$ 50.000,00 (cinquenta mil reais): R$ 712,50 (setecentos e doze reais e cinquenta centavos);

• *Alínea "b" acrescida pela Lei nº 10.795/2003.*

c) de R$ 50.001,00 (cinquenta mil e um reais) até R$ 75.000,00 (setenta e cinco mil reais): R$ 855,00 (oitocentos e cinquenta e cinco reais);

• *Alínea "c" acrescida pela Lei nº 10.795/2003.*

d) de R$ 75.001,00 (setenta e cinco mil e um reais) até R$ 100.000,00 (cem mil reais): R$ 997,50 (novecentos e noventa e sete reais e cinquenta centavos);

• *Alínea "d" acrescida pela Lei nº 10.795/2003.*

e) acima de R$ 100.000,00 (cem mil reais): R$ 1.140,00 (mil, cento e quarenta reais).

• *Alínea "e" acrescida pela Lei nº 10.795/2003.*

§ 2º. Os valores correspondentes aos limites máximos estabelecidos no § 1º deste artigo serão corrigidos anualmente pelo índice oficial de preços ao consumidor.

• *§ 2º acrescido pela Lei nº 10.795/2003.*

Art. 17. Compete aos Conselhos Regionais:

I – eleger sua diretoria;

II – aprovar o relatório anual, o balanço e as contas de sua diretoria, bem como a previsão orçamentária para o exercício seguinte, submetendo essa matéria à consideração do Conselho Federal;

III – propor a criação de sub-regiões, em divisões territoriais que tenham um número mínimo de Corretores de Imóveis inscritos, fixado pelo Conselho Federal;

IV – homologar, obedecidas as peculiaridades locais, tabelas de preços de serviços de corretagem para uso dos inscritos, elaboradas e aprovadas pelos sindicatos respectivos;

V – decidir sobre os pedidos de inscrição de Corretor de Imóveis e de pessoas jurídicas;

VI – organizar e manter o registro profissional das pessoas físicas e jurídicas inscritas;

VII – expedir carteiras profissionais e certificados de inscrição;

VIII – impor as sanções previstas nesta Lei;

IX – baixar resoluções, no âmbito de sua competência.

Art. 18. Constituem receitas do Conselho Federal:

I – a percentagem de vinte por cento sobre as anuidades e emolumentos arrecadados pelos Conselhos Regionais;

II – a renda patrimonial;

III – as contribuições voluntárias;

IV – as subvenções e dotações orçamentárias.

Art. 19. Constituem receitas de cada Conselho Regional:

I – as anuidades, emolumentos e multas;

II – a renda patrimonial;

III – as contribuições voluntárias;

IV – as subvenções e dotações orçamentárias.

Art. 20. Ao Corretor de Imóveis e à pessoa jurídica inscritos nos órgãos de que trata a presente lei é vedado:

I – prejudicar, por dolo ou culpa, os interesses que lhe forem confiados;

II – auxiliar, ou por qualquer meio facilitar, o exercício da profissão aos não inscritos;

III – anunciar publicamente proposta de transação a quem não esteja autorizado através de documento escrito;

IV – fazer anúncio ou impresso relativo à atividade de profissional sem mencionar o número da inscrição;

V – anunciar imóvel loteado ou em condomínio sem mencionar o número de registro do loteamento ou da incorporação no Registro de Imóveis;

VI – violar o sigilo profissional;

VII – negar aos interessados prestação de contas ou recibo de quantias ou documentos que lhe tenham sido entregues a qualquer título;

VIII – violar obrigação legal concernente ao exercício da profissão;

IX – praticar, no exercício da atividade profissional, ato que a lei defina como crime ou contravenção;

X – deixar de pagar contribuição ao Conselho Regional.

Art. 21. Compete ao Conselho Regional aplicar aos Corretores de Imóveis e pessoas jurídicas as seguintes sanções disciplinares:

I – advertência verbal;

II – censura;

III – multa

IV – suspensão da inscrição, até noventa dias;

V – cancelamento da inscrição, com apreensão da carteira profissional.

§ 1º. Na determinação da sanção aplicável, orientar-se-á o Conselho pelas Circunstâncias de cada caso, de modo a considerar leve ou grave a falta.

§ 2º. A reincidência na mesma falta determinará a agravação da penalidade.

§ 3º. A multa poderá ser acumulada com outra penalidade e, na hipótese de reincidência na mesma falta, aplicar-se-á em dobro.

§ 4º. A pena de suspensão será anotada na Carteira Profissional do Corretor de Imóveis ou responsável pela pessoa jurídica e se este não a apresentar para que seja consignada a penalidade, o Conselho Regional poderá convertê-la em cancelamento da inscrição.

Art. 22. Aos servidores dos Conselhos Federal e Regionais de Corretores de Imóveis aplica-se o regime jurídico das leis do Trabalho.

Art. 23. Fica assegurado aos Corretores de Imóveis inscritos nos termos da Lei nº 4.116, de 27 de agosto de 1962, o exercício da profissão, desde que o requeiram conforme o que for estabelecido na regulamentação desta Lei.

Art. 24. Esta Lei será regulamentada no prazo de trintas dias a partir de sua vigência.

Art. 25. Esta Lei entra em vigor na data da sua publicação.

Art. 26. Revogam-se as disposições em contrário, especialmente a Lei nº 4.116, de 27 de agosto de 1962.

Brasília, 12 de maio de 1978; 157º da Independência e 90º da República.

Ernesto Geisel – Arnaldo Prieto

DOU de 15.5.1978

3. DECRETO Nº 81.871, DE 29 DE JUNHO DE 1978

Regulamenta a Lei nº 6.530, de 12 de maio de 1978, que dá nova Regulamentação à profissão de Corretor de Imóveis, disciplina o funcionamento de seus órgãos de fiscalização e dá outras providências.

O Presidente da República, no uso da atribuição que lhe confere o art. 81, item III, da Constituição, e tendo em vista o art. 24 da Lei nº 6.530, de 12 de maio de 1978,

Decreta:

Art. 1º. O exercício da profissão de Corretor de Imóveis, em todo o território nacional somente será permitido:

I – ao possuidor do título de Técnico em Transações Imobiliárias, inscrito no Conselho Regional de Corretores de Imóveis da jurisdição; ou

II – ao Corretor de Imóveis inscritos nos termos da Lei nº 4.116, de 27 de agosto de 1962, desde que requeira a revalidação da sua inscrição.

Art. 2º. Compete ao Corretor de Imóveis exercer a intermediação na compra, venda, permuta e locação de imóveis e opinar quanto à comercialização imobiliária.

Art. 3º. As atribuições constantes do artigo anterior poderão, também, ser exercidas por pessoa jurídica, devidamente inscrita no Conselho Regional de Corretores de Imóveis da Jurisdição.

Parágrafo único. O atendimento ao público interessado na compra, venda, permuta ou locação de imóvel, cuja transação esteja sendo patrocinada por pessoa jurídica, somente poderá ser feito por Corretor de Imóveis inscrito no Conselho Regional da jurisdição.

Art. 4º. O número da inscrição do Corretor de Imóveis ou da pessoa jurídica constará obrigatoriamente de toda propaganda, bem como de qualquer impresso relativo à atividade profissional.

Art. 5º. Somente poderá anunciar publicamente o Corretor de Imóveis, pessoa física ou jurídica, que tiver contrato escrito de mediação ou autorização escrita para alienação do imóvel anunciado.

Art. 6º. O Conselho Federal e os Conselhos Regionais são órgãos de disciplina e fiscalização do exercício da profissão de Corretor de Imóveis, constituídos em autarquias, dotada de personalidade jurídica de direito público, vinculada ao Ministério do Trabalho, com autonomia administrativa, operacional e financeira.

Art. 7º. O Conselho Federal de Corretores de Imóveis tem por finalidade orientar, supervisionar e disciplinar o exercício da profissão de Corretor de Imóveis em todo o território nacional.

Art. 8º. O Conselho Federal terá sede e foro na Capital da República e jurisdição em todo o território nacional.

Art. 9º. O Conselho Federal será composto por dois (2) representantes, efetivos e suplentes, de cada Conselho Regional, eleitos dentre os seus membros.

Parágrafo único. O mandato dos membros a que se refere este artigo será de três (3) anos.

Art. 10. Compete ao Conselho Federal:

I – eleger sua Diretoria;

II – elaborar e alterar seu Regimento;

III – exercer função normativa, baixar Resoluções e adotar providências indispensáveis à realização dos objetivos institucionais;

IV – instituir o modelo das Carteiras de Identidade Profissional e dos Certificados de Inscrição;

V – autorizar a sua Diretoria a adquirir e onerar bens imóveis;

VI – aprovar o relatório anual, o balanço e as contas de sua Diretoria, bem como elaborar a previsão orçamentária para o exercício seguinte;

VII – criar e extinguir Conselhos Regionais e sub-regiões, fixando-lhes a sede e jurisdição;

VIII – baixar normas de ética profissional;

IX – elaborar contrato padrão para os serviços de corretagem de imóveis, de observância obrigatória pelos inscritos;

X – fixar as multas, anuidades e emolumentos devidos aos Conselhos Regionais;

XI – decidir as dúvidas suscitadas pelos Conselhos Regionais;

XII – julgar os recursos das decisões dos Conselhos Regionais;

XIII – elaborar o Regimento padrão dos Conselhos Regionais;

XIV – homologar o Regimento dos Conselhos Regionais:

XV – aprovar o relatório anual, o balanço e as contas dos Conselhos Regionais;

XVI – credenciar representante junto aos Conselhos Regionais, para verificação de irregularidades e pendências acaso existentes;

XVII – intervir, temporariamente nos Conselhos Regionais, nomeando Diretoria provisória, até que seja regularizada a situação ou, se isso não ocorrer, até o término do mandato:

a) se comprovada irregularidade na administração;

b) se tiver havido atraso injustificado no recolhimento das contribuições;

XVIII – destituir Diretor do Conselho Regional, por ato de improbidade no exercício de suas funções;

XIX – promover diligências, inquéritos ou verificações sobre o funcionamento dos Conselhos Regionais e adotar medidas para sua eficiência e regularidade;

XX — deliberar sobre os casos omissos;

XXI — representar em juízo ou fora dele, em todo território nacional, os legítimos interessados da categoria profissional.

Art. 11. O Conselho Federal se reunirá com a presença mínima de metade mais um de seus membros.

Art. 12. Constituem receitas do Conselho Federal:

I — a percentagem de 20% (vinte por cento) sobre as anuidades e emolumentos arrecadados pelos Conselhos Regionais;

II — a renda patrimonial;

III — as contribuições voluntárias;

IV — as subvenções e dotações orçamentárias.

Art. 13. Os Conselhos Regionais de Corretor de Imóveis têm por finalidade fiscalizar o exercício profissional na área de sua jurisdição, sob supervisão do Conselho Federal.

Art. 14. Os Conselhos Regionais terão sede e foro na Capital do Estado, ou de um dos Estados ou Territórios, a critério do Conselho Federal.

Art. 15. Os Conselhos Regionais serão compostos por 27 (vinte sete) membros, efetivos e suplentes, eleitos 2/3 (dois terços) por votação secreta em Assembleia Geral especialmente convocada para esse fim, e 1/3 (um terço) integrado por representantes dos Sindicatos de Corretores de Imóveis que funcionarem regularmente na jurisdição do Conselho Regional.

Parágrafo único. O mandato dos membros a que se refere este artigo será de 3 (três) anos.

Art. 16. Compete ao Conselho Regional:

I — eleger sua Diretoria

II — aprovar seu Regimento, de acordo com o Regimento padrão elaborado pelo Conselho Federal;

III — fiscalizar o exercício profissional na área de sua jurisdição;

IV — cumprir e fazer cumprir as Resoluções do Conselho Federal;

V – arrecadar anuidades, multas e emolumentos e adotar todas as medidas destinadas à efetivação da sua receita e a do Conselho Federal;

VI – aprovar o relatório anual, o balanço e as contas de sua Diretoria, bem como a previsão orçamentária para o exercício seguinte, submetendo essa matéria à consideração do Conselho Federal;

VII – propor a criação de Sub-regiões, em divisões territoriais que tenham um número mínimo de Corretores de Imóveis, fixado pelo Conselho Federal;

VIII – homologar, obedecidas as peculiaridades locais, tabelas de preços de serviços de corretagem para uso dos inscritos, elaboradas e aprovadas pelos sindicatos respectivos;

IX – decidir sobre os pedidos de inscrição de Corretores de Imóveis e de pessoas jurídicas;

X – organizar e manter o registro profissional das pessoas físicas e jurídicas inscritas;

XI – expedir Carteiras de Identidade Profissional e Certificados de inscrição;

XII – impor as sanções previstas neste regulamento;

XIII – baixar Resoluções, no âmbito de sua competência;

XIV – representar em juízo ou fora dele, na área de sua jurisdição, os legítimos interesses da categoria profissional;

XV – eleger, dentre seus membros, representantes, efetivos e suplentes, que comporão o Conselho Federal;

XVI – promover, perante o juízo competente, a cobrança das importâncias correspondentes a anuidade, multas e emolumentos, esgotados os meios de cobrança amigável.

Art. 17. O Conselho Regional se reunirá com a presença mínima de metade de mais um de seus membros.

Art. 18. Constituem receitas de cada Conselho Regional:

I – 80% (oitenta por cento) das anuidades e emolumentos;

II – as multas;

III — a renda patrimonial;

IV — as contribuições voluntárias;

V — as subvenções e dotações orçamentárias.

Art. 19. 2/3 (dois terços) dos membros dos Conselhos Regionais, efetivos e respectivos suplentes, serão eleitos pelo sistema de voto pessoal, secreto e obrigatório dos profissionais inscritos, nos termos em que dispuser o Regimento dos Conselhos Regionais, considerando-se eleitos efetivos os 18 (dezoito) mais votados e suplentes os seguintes.

Parágrafo único. Aplicar-se-á ao profissional inscrito que deixar de votar sem causa justificada, multa em importância correspondente ao valor da anuidade.

Art. 20. 1/3 (um terço) dos membros dos Conselhos Regionais efetivos e respectivos suplentes, serão indicados pelos Sindicatos de Corretores de Imóveis, dentre seus associados, diretores ou não.

§ 1º. Caso haja mais de um Sindicato com base territorial na jurisdição de cada Conselho Regional, o número de representantes de cada Sindicato será fixado pelo Conselho Federal.

§ 2º. Caso não haja Sindicato com base territorial na jurisdição do Conselho Regional, 1/3 (um terço) dos membros que seria destinado à indicação pelo Sindicato, será eleito na forma do artigo anterior.

§ 3º. Caso o Sindicato ou os Sindicatos da Categoria, com base territorial na jurisdição de cada Conselho Regional, não indiquem seus representantes, no prazo estabelecido em Resolução do Conselho Federal, o terço destinado à indicação pelo Sindicato, será eleito, na forma do artigo anterior.

Art. 21. O exercício do mandato de membro do Conselho Federal e dos Conselhos Regionais de Corretor de Imóveis, assim como a respectiva eleição, mesmo na condição de suplente, ficarão subordinados ao preenchimento dos seguintes requisitos mínimos:

I — inscrição na jurisdição do Conselho Regional respectivo há mais de dois (2) anos;

II — pleno gozo dos direitos profissionais, civis e políticos;

III – inexistência de condenação a pena superior a 2 (dois) anos, em virtude de sentença transitada em julgado.

Art. 22. A extinção ou perda de mandato de membro do Conselho Federal e dos Conselhos Regionais ocorrerá:

I – por renúncia;

II – por superveniência de causa de que resulte o cancelamento da inscrição;

III – por condenação a pena superior a 2 (dois) anos, em virtude de sentença transitada em julgado.

IV – por destituição de cargo, função ou emprego, relacionada à prática de ato de improbidade na administração pública ou privada, em virtude de sentença transitada em julgado;

V – por ausência, sem motivo justificado, a 3 (três) sessões consecutivas ou 6 (seis) intercaladas em cada ano.

Art. 23. Os membros dos Conselhos Federal e Regionais poderão ser licenciados, por deliberação do plenário.

Parágrafo único. Concedida a licença de que trata este artigo caberá ao Presidente do Conselho convocar o respectivo suplente.

Art. 24. Os Conselhos Federal e Regionais terão cada um, como órgão deliberativo o Plenário, constituído pelos seus membros, e como órgão administrativo a Diretoria e os que forem criados para a execução dos serviços técnicos ou especializados indispensáveis ao cumprimento de suas atribuições.

Art. 25. As Diretorias dos Conselhos Federal e Regionais serão compostas de um Presidente, dois Vice-presidentes, dois Secretários e dois Tesoureiros, eleitos pelo Plenário, dentre seus membros, na primeira reunião ordinária.

Art. 26. A estrutura dos Conselhos Federal e Regionais e as atribuições da Diretoria e dos demais órgãos, serão fixadas no Regimento de cada Conselho.

Art. 27. Junto aos Conselhos Federal e Regionais funcionará um Conselho Fiscal composto de três membros, efetivos e suplentes, eleitos dentre os seus membros.

Art. 28. A inscrição do Corretor de Imóveis e da pessoa jurídica será efetuada no Conselho Regional da jurisdição, de acordo com Resolução do Conselho Federal de Corretores de Imóveis.

Art. 29. As pessoas jurídicas inscritas no Conselho Regional de Corretores de Imóveis sujeitam-se aos mesmos deveres e têm os mesmos direitos das pessoas físicas nele inscritas.

Parágrafo único. As pessoas jurídicas a que se refere este artigo deverão ter como sócio-gerente ou diretor um Corretor de Imóveis individualmente inscrito.

Art. 30. O exercício simultâneo, temporário ou definitivo da profissão em área de jurisdição diversa da do Conselho Regional onde foi efetuada a inscrição originária do Corretor de Imóveis ou da pessoa jurídica, fica condicionado à inscrição e averbação profissional nos Conselhos Regionais que jurisdicionam as áreas em que exercerem as atividades.

Art. 31. Ao Corretor de Imóveis inscrito será fornecida Carteira de Identidade Profissional, numerada em cada Conselho Regional, contendo, no mínimo, os seguintes elementos:

I – nome por extenso do profissional;

II – filiação;

III – nacionalidade e naturalidade;

IV – data do nascimento;

V – número e data da inscrição;

VI – natureza da habilitação;

VII – natureza da inscrição;

VIII – denominação do Conselho Regional que efetuou a inscrição;

IX – fotografia e impressão datiloscópica;

X – assinatura do profissional inscrito, do Presidente e do Secretário do Conselho Regional.

Art. 32. À pessoa jurídica inscrita será fornecido Certificado de Inscrição, numerado em cada Conselho Regional, contendo no mínimo, os seguintes elementos:

I – denominação da pessoa jurídica;

II – número e data da inscrição;

III – natureza da inscrição;

IV – nome do sócio-gerente ou diretor, inscrito no Conselho Regional;

V – número e data da inscrição do sócio-gerente ou diretor, no Conselho Regional;

VI – denominação do Conselho Regional que efetuou a inscrição;

VII – assinatura do sócio-gerente ou diretor, do Presidente e do Secretário do Conselho Regional.

Art. 33. As inscrições do Corretor de Imóveis e da pessoa jurídica, o fornecimento de Carteira de Identidade Profissional e de Certificado de Inscrição e certidões, bem como o recebimento de petições, estão sujeitos ao pagamento de anuidade e emolumentos fixados pelo Conselho Federal.

Art. 34. O pagamento da anuidade ao Conselho Regional constitui condição para o exercício da profissão de Corretor de Imóveis e da pessoa jurídica.

Art. 35. A anuidade será paga até o último dia útil do primeiro trimestre de cada ano, salvo a primeira, que será devida no ato da inscrição do Corretor de Imóveis ou da pessoa jurídica.

Art. 36. O pagamento da anuidade fora do prazo sujeitará o devedor à multa fixada pelo Conselho Federal.

Art. 37. A multa aplicada ao Corretor de Imóveis ou pessoa jurídica, como sanção disciplinar, será, igualmente fixada pelo Conselho Federal.

Art. 38. Constitui infração disciplinar da parte do Corretor de Imóveis:

I – transgredir normas de ética profissional;

II – prejudicar, por dolo ou culpa, os interesses que lhe forem confiados;

III – exercer a profissão quando impedido de fazê-lo ou facilitar, por qualquer meio, o seu exercício aos não inscritos ou impedidos;

IV – anunciar publicamente proposta de transação a que não esteja autorizado através de documento escrito;

V – fazer anúncio ou impresso relativo à atividade profissional sem mencionar o número de inscrição;

VI – anunciar imóvel loteado ou em condomínio sem mencionar o número do registro do loteamento ou da incorporação no Registro de Imóveis;

VII – violar o sigilo profissional;

VIII – negar aos interessados prestação de contas ou recibo de quantia ou documento que lhe tenham sido entregues a qualquer título;

IX – violar obrigação legal concernente ao exercício da profissão;

X – praticar, no exercício da atividade profissional, ato que a lei defina como crime de contravenção;

XI – deixar de pagar contribuição ao Conselho Regional;

XII – promover ou facilitar a terceiros transações ilícitas ou que por qualquer forma prejudiquem interesses de terceiros;

XIII – recusar a apresentação de Carteira de Identidade Profissional, quando couber.

Art. 39. As sanções disciplinares consistem em:

I – advertência verbal;

II – censura;

III – multa;

IV – suspensão da inscrição, até 90 (noventa) dias;

V – cancelamento da inscrição, com apreensão da carteira profissional;

§ 1º. Na determinação da sanção aplicável, orientar-se-á o Conselho pelas circunstâncias de cada caso, de modo a considerar leve ou grave a falta;

§ 2º. A reincidência na mesma falta determinará a agravação da penalidade.

§ 3º. A multa poderá ser acumulada com outra penalidade e, na hipótese de reincidência, aplicar-se-á em dobro.

§ 4º. A pena de suspensão será anotada na Carteira de Identidade Profissional do Corretor de Imóveis ou responsável pela pessoa jurídica e se este não a apresentar para que seja consignada a penalidade, o Conselho Regional poderá convertê-la em cancelamento da inscrição.

§ 5º. As penas de advertência, censura e multa serão comunicadas pelo Conselho Regional em ofício reservado, não se fazendo constar dos assentamentos do profissional punido, senão em caso de reincidência.

Art. 40. Da imposição de qualquer penalidade caberá recurso, com efeito suspensivo, ao Conselho Federal:

I – voluntário, no prazo de 30 (trinta) dias a contar da ciência da decisão;

II – *ex officio*, nas hipóteses dos itens IV e V do artigo anterior;

Art. 41. As denúncias somente serão recebidas quando assinadas, declinada a qualificação do denunciante e acompanhada da indicação dos elementos comprobatórios do alegado.

Art. 42. A suspensão por falta de pagamento de anuidades, emolumentos ou multas só cessará com a satisfação da dívida, podendo ser cancelada a inscrição, de acordo com critérios a serem fixados pelo Conselho Federal.

Art. 43. As instâncias recorridas poderão reconsiderar suas próprias decisões.

Art. 44. O Conselho Federal será última e definitiva instância nos assuntos relacionados com a profissão e seu exercício.

Art. 45. Aos servidores dos Conselhos Federal e Regionais de Corretores de Imóveis aplica-se o regime jurídico da Consolidação das Leis do Trabalho.

Art. 46. Em caso de intervenção em Conselho Regional, cabe ao Conselho Federal baixar instruções sobre cessação da intervenção ou realização de eleições, na hipótese de término de mandato.

Art. 47. O disposto no art. 15 somente será observado nas eleições para constituição dos Conselhos Regionais após o término dos mandatos vigentes em 15 de maio de 1978.

Art. 48. Este Decreto entrará em vigor na data de sua publicação, revogadas as disposições em contrário.

Brasília, DF, em 29 de junho de 1978; 157º da Independência e 90º da República.

Ernesto Geisel – Arnaldo Prieto
DOU de 30.6.1978

4. Resolução COFECI nº 005, de 9 de setembro de 1978

Estabelece normas para o Contrato Padrão, previsto no art. 16, inciso VI, da Lei nº 6.530/1978.

O Conselho Federal de Corretores de Imóveis, no uso das atribuições que lhe são conferidas em lei;

Considerando que a Lei nº 6.530/1978, estabeleceu a obrigatoriedade do contrato de Intermediação Imobiliária;

Considerando que o relacionamento entre o profissional e cliente deve ser resguardado por instrumento contratual para evitar desinteligências;

Considerando que os princípios da ética profissional impõem a necessidade do instrumento;

Resolve:

Art. 1º. Toda e qualquer intermediação imobiliária será contratada, obrigatoriamente, por instrumento escrito que incluirá, dentre outros, os seguintes dados:

a) nome e qualificação das partes;

b) individualização e caracterização do objeto do contrato;

c) preço e condições de pagamento da alienação ou da locação;

d) dados do título de propriedade declarados pelo proprietário;

e) menção da exclusividade ou não;

f) remuneração do corretor e forma de pagamento;

g) prazo de validade do instrumento;

h) (revogado);

- *Revogada pela Resolução COFECI nº 811/2003.*

i) autorização expressa para receber, ou não, sinal de negócio.

Art. 2º. O profissional ao término da vigência do Contrato de Intermediação Imobiliária, comunicará, comprovadamente, ao proprietário, por escrito, sob protocolo ou registro postal, os nomes dos candidatos e eventuais interessados na operação com os quais manteve entendimentos durante a vigência do instrumento, para assegurar os seus direitos previstos na alínea "f", do artigo anterior.

Art. 3º. Esta Resolução entra em vigor nesta data, revogadas as disposições em contrário.

Brasília, DF, 9 de setembro de 1978

Edmundo Carlos de Freitas Xavier – Presidente

José Arantes Costa – 1º Diretor Secretário

DOU de 14.9.1978

5. Resolução cofeci nº 146, de 6 de agosto de 1982

Aprova o Código de Processo Disciplinar.

O Conselho Federal de Corretores de Imóveis, no uso das atribuições que lhe são conferidas pelo art. 16, XVII, da Lei nº 6.530, de 12 de maio de 1978 e art. 10, III, do Decreto nº 81.871, de 29 de junho de 1978,

Resolve:

Art. 1º. Aprovar o anexo Código de Processo Disciplinar (CPD).

Art. 2º. A presente Resolução entrará em vigor na data de sua publicação no *Diário Oficial da União*, revogadas as Resoluções nºs 04/78, de 9.9.1978; 18/78, de 25.11.1978; 57/79, de 29.9.1979; 80/80, de 29.2.1980; 82/80, de 29.2.1980 e 86/80, de 4.8.1980.

Brasília, DF, 6 de agosto de 1982

Aref Assreuy – Presidente

Ezequias Negromonte – 1º Diretor-Secretário

DOU de 10.8.1982

Código de processo disciplinar

Título – da jurisdição

Art. 1º. A jurisdição administrativa visando a apuração e punição de infração às leis, regulamentos e normas disciplinadoras do exercício da profissão de Corretores de Imóveis será exercida, em grau de recurso, pelo Conselho Federal de Corretores de Imóveis (COFECI) e, em primeira instância, pelos Conselhos Regionais de Corretores de Imóveis (CRECI) nos limites territoriais da respectiva Região.

Título ii – do processo disciplinar

Art. 2º. A repressão das infrações à Lei nº 6.530, de 12 de maio de 1978, ao Decreto nº 81.871, de 29 de junho de 1978, pelo desatendimento às Resoluções baixadas pelo Conselho Federal de Corretores de Imóveis (COFECI) será efetivada através de processo disciplinar originado de Auto de Infração ou de Termo de Representação, o qual assegurará ampla defesa e atenderá aos princípios da reconsideração de decisões e da dualidade de instâncias.

Capítulo i – das modalidades do processo

Art. 3º. O Processo Disciplinar terá por base:

I – o Auto de Infração;

II – o Termo de Representação.

Art. 4º. O Auto de Infração será lavrado pelos Conselhos Regionais de Corretores de Imóveis (CRECI) contra pessoas físicas ou jurídicas que transgridam normas disciplinares.

Art. 5º. Responderão também ao processo originado de representação, perante o Conselho Regional de Corretores de Imóveis (CRECI) de sua Região, as pessoas físicas ou jurídicas nele inscritas.

Capítulo ii — do auto de infração
Seção I – Da Lavratura

Art. 6º. Verificada a ocorrência da infração, o agente de fiscalização lavrará o respectivo auto, mediante o preenchimento de modelo próprio, numerado, em 03 (três) vias, a máquina ou a tinta, de forma clara e legível, sem entrelinhas ou rasuras, contendo:

a) qualificação e endereço completos do autuado, inclusive suas inscrições no CNPJ ou CPF e no CRECI;

b) data, hora e local da lavratura;

c) local da ocorrência da infração;

d) dispositivo legal infringido;

e) órgão autuante e seu endereço para apresentação da defesa;

f) nome e assinatura do autuante e do autuado;

g) descrição circunstanciada dos fatos e elementos caracterizadores da infração.

Art. 7º. No auto de infração, o agente de fiscalização autuante poderá imputar ao autuado mais de uma infração, desde que faça a descrição circunstanciada dos fatos e elementos que as caracterizem.

Art. 8º. O autuante prosseguirá a descrição dos fatos caracterizadores de uma ou mais infrações, em tantos instrumentos de auto de infração quantos forem necessários, no caso de não esgotar a lavratura no espaço próprio de um só auto.

Parágrafo único. No caso deste artigo, o autuante, no final de cada auto de infração, declarará: "continua no auto de infração Nº......." e iniciará o preenchimento do auto subsequente com os dizeres: "continuação do auto de infração Nº. ......", devendo todos os instrumentos conter o nome e a assinatura do autuante e do autuado.

Art. 9º. O Auto de Infração poderá ser lavrado em qualquer lugar em que se encontre o infrator e não sendo possível entregá-lo no mesmo momento, essa ciência poderá se efetivar no estabelecimento ou na residência do autuado, ou onde mais for localizado.

• Art. 9º com redação dada pela Resolução COFECI 1.290/2012.

Art. 10. Quando a autuação se fundamentar em anúncio, impresso ou documento de qualquer natureza, o autuante deverá juntá-lo ao auto de infração.

Parágrafo único. Na impossibilidade da juntada de documento, o autuante deverá individualizá-lo e mencionar a causa impeditiva no auto de infração.

Art. 11. Concluída a lavratura do auto de infração, o autuado o assinará, passando recibo da entrega da segunda via que lhe será feita pelo autuante.

§ 1º. Recusando-se o autuado a assinar o auto de infração ou as folhas de continuação nele integradas, a Coordenadoria de Fiscalização do CRECI promoverá:

I – a remessa da segunda via do auto de infração ao autuado, por via postal, com aviso de recebimento (AR);

II – a entrega da segunda via do auto de infração ao autuado, através de servidor, na presença de duas testemunhas, no caso do autuado não ter assinado o aviso de recebimento (AR) a que alude o inciso anterior.

§ 2º. No caso do inciso II do parágrafo anterior, persistindo o autuado em se recusar a assinar o auto de infração, o servidor do CRECI entregar-lhe-á a segunda via e certificará no verso da primeira, juntamente com as testemunhas, a efetivação da entrega.

§ 3º. Não sendo possível a entrega da segunda via do auto de infração, por uma das formas previstas nos §§ 1º e 2º deste artigo, o autuado será cientificado da autuação por edital a ser publicado uma única vez no órgão de imprensa, de preferência oficial, transcrevendo o auto de infração.

Art. 12. A primeira e terceira vias do auto de infração deverão ser entregues pelo autuante na Coordenadoria de Fiscalização do CRECI da Região, no prazo de 24 (vinte e quatro) horas, contado da data da lavratura.

Parágrafo único. Se o agente de fiscalização lavrar o auto de infração em outro município que não aquele em que se localizar o CRECI da Região, remeterá a primeira e terceira vias, sob recibo, por via postal, àquele Conselho, ou fará a entrega delas à Coordenadoria de Fiscalização do CRECI, no prazo de 24 (vinte e quatro) horas, contado do seu retorno.

Art. 13. O agente de fiscalização lavrará Auto de Constatação com o objetivo de:

I – consignar infração constatada em stand ou posto de venda em locais de construção, de incorporação ou de loteamento, para instruir auto de infração a ser lavrado no estabelecimento do infrator;

II – caracterizar, pela primeira vez, o exercício de atividade profissional de Corretor de Imóveis, por pessoa física ou jurídica não inscrita no CRECI da sua Região, a fim de configurar a habitualidade no exercício daquela atividade com vistas ao colhimento de provas para o processo contravencional;

• *Decreto-Lei nº 3.688, de 3.10.1941 (Lei das Contravenções Penais): "Art. 47. Exercer profissão ou atividade econômica ou anunciar que a exerce, sem preencher as condições a que por lei está subordinado o seu exercício: Pena – Prisão simples, de quinze dias a três meses, ou multa, de cinquenta centavos a cinco cruzeiros."*

III – descrever e comprovar fato que, para caracterizar a infração, dependa de outros esclarecimentos.

Art. 14. O Auto de Constatação será lavrado mediante o preenchimento de modelo próprio, numerado, em 03 (três) vias, a máquina ou a tinta, de forma clara e legível, sem entrelinhas ou rasuras, contendo:

a) qualificação e endereço completos do autuado, inclusive suas inscrições no CNPJ ou CPF e no CRECI;

b) data, hora e local da lavratura;

c) órgão autuante e seu endereço;

d) descrição clara e objetiva do fato constatado;

e) nome e assinatura do autuante e do autuado.

Parágrafo único. No caso do autuado se recusar a assinar o auto de constatação proceder-se-á na forma do art. 11, §§ 1º e 2º

Art. 15. Os documentos solicitados pelo Agente Fiscal devem ser exibidos durante a diligência, sob pena de apresentação obrigatória no prazo de 05 (cinco) dias úteis, na sede do CRECI, no endereço indicado na notificação, excetuando-se desta concessão o instrumento de contrato de intermediação imobiliária, cuja exibição deve ser incontinenti.

• *Art. 15, caput, com redação dada pela Resolução nº 459/1995.*

§ 1º. Se o fiscalizado não atender à notificação será autuado com fundamento no art. 20, inciso VIII, da Lei nº 6.530, de 12 de maio de 1978.

• *§ 1º, primitivo parágrafo único, renumerado pela Resolução nº 459/1995.*

§ 2º. Os instrumentos de contrato de intermediação imobiliária deverão ser arquivados no escritório do Corretor de Imóveis contratado, durante um ano, contado do vencimento do prazo de vigência, à disposição da Fiscalização.

• *§ 2º acrescido pela Resolução nº 459/1995.*

Art. 16. A notificação será expedida, mediante o preenchimento de modelo próprio, numerado, em 03 (três) vias, a máquina ou a tinta, de forma clara e legível, sem entrelinhas ou rasuras, contendo:

a) qualificação e endereço completos do notificado, inclusive suas inscrições no CNPJ ou CPF e no CRECI;

b) data, hora e local da expedição;

c) órgão notificante e seu endereço;

d) indicação do documento a ser colocado à disposição da fiscalização;

e) nome e assinatura do agente de fiscalização e do notificado.

Parágrafo único. No caso do notificado se recusar a assinar a notificação proceder-se-á na forma do art. 11, §§ 1º e 2º.

Art. 17. O auto de infração, de constatação e a notificação poderão ser assinados por pessoa física ou representante de pessoa jurídica, titulares do estabelecimento fiscalizado ou por seus empregados e prepostos.

Seção II – do processamento

Art. 18. A Coordenadoria de Fiscalização, ao receber a primeira e terceira vias do auto de infração, deverá:

a) formar processo com a primeira via e nele certificar se o autuado já foi penalizado pela mesma falta e o número de sua inscrição no CRECI;

b) arquivar a terceira via para eventual restauração do processo;

c) determinar a juntada de documentos não anexados pelo autuante e diligências necessárias à instrução do processo;

d) anotar em registro próprio, a autuação e a respectiva decisão final do processo originário do auto de infração.

Parágrafo único. O processo originário do auto de infração será de natureza escrita, apenas permitindo a produção de provas documental e pericial.

Art. 19. Se o autuado não tiver assinado o auto de infração nem recebido a segunda via, a Coordenadoria de Fiscalização do CRECI promoverá a sua entrega, na forma prevista no art. 11.

Art. 20. A contar da data do recebimento da segunda via do auto de infração ou do dia imediato ao da única publicação do edital a que se refere o § 3º do art. 11, correrá o prazo improrrogável de 15 (quinze) dias, para a apresentação de defesa escrita, acompanhada ou não de documentos.

Parágrafo único. O autuado poderá juntar fotocópia autenticada dos documentos referidos na defesa, mas a Coordenadoria de Fiscalização poderá exigir a sua conferência com os originais.

Art. 21. Durante o prazo de defesa, o autuado poderá ter vista do processo na Coordenadoria de Fiscalização.

Art. 22. Caso o autuado não apresente defesa, no prazo do art. 20, a Coordenadoria de Fiscalização certificará, no processo, a sua inação.

Art. 23. Esgotado o prazo do art. 20, a Coordenadoria de Fiscalização remeterá o processo, com ou sem defesa, à Assessoria Jurídica para apreciação.

Art. 24. Recebendo o processo, a Assessoria Jurídica:

I – emitirá parecer analisando o auto, a defesa e as provas produzidas, opinando, conclusivamente, sobre a procedência ou improcedência da autuação, ou.

II – devolverá o processo à Coordenadoria de Fiscalização para a realização de diligências necessárias à apreciação conclusiva da autuação.

Parágrafo único. Na hipótese do inciso I ou na do inciso II após a realização de diligências e emissão de parecer conclusivo, a Assessoria Jurídica remeterá o processo ao Presidente do CRECI.

Art. 25. O Presidente do CRECI distribuirá o processo à Comissão de Ética e Fiscalização Profissional para julgamento.

Seção III — Da decisão em primeira instância

Art. 26. O Presidente da Comissão de Ética e Fiscalização Profissional distribuirá o processo a um Relator que, preliminarmente, verificará se a sua instrução está regular e completa, podendo determinar eventuais medidas e diligências que se fizerem necessárias.

Art. 27. Considerando completa a instrução do processo, o Relator na sessão de julgamento da Comissão da Ética e Fiscalização Profissional, proferirá voto sobre o mérito da autuação, indicando, se a mesma for procedente, a infração cometida e a sanção aplicável.

Art. 28. Na determinação da sanção aplicável a Comissão de Ética e Fiscalização Profissional orientar-se-á pelas circunstâncias de cada caso e a natureza da infração cometida.

§ 1º. Constituem infrações de natureza grave as previstas no art. 20 da Lei nº 6.530, de 12 de maio de 1978 e desdobradas pelo art. 38, incisos II, III, VIII, X, XII do Decreto nº 81.871, de 29 de junho de 1978.

§ 2º. Constituem infrações de natureza leve as previstas no art. 20 da Lei nº 6.530, de 12 de maio de 1978 e desdobradas pelo art. 38, incisos IV, V, VI, VII, IX, XI e XIII do Decreto nº 81.871, de 29 de junho de 1978.

§ 3º. A infração caracterizada pela transgressão de norma ética (art. 38, inciso I, do Decreto nº 81.871, de 29 de junho de 1978) será grave ou leve segundo a classificação constante do Código de Ética Profissional.

§ 4º. A reincidência na mesma infração determinará a agravação da penalidade que, no caso de multa, aplicar-se-á em dobro.

§ 5º. (Revogado).

- § 5º *revogado. Vide novos parâmetros fixados pela Resolução COFECI nº 315/1991.*

§ 6º. Às pessoas físicas ou jurídicas cujas autuações tenham sido julgadas procedentes, poderão ser aplicadas quaisquer das penalidades previstas no art. 21 da Lei nº 6.530, de 12 de maio de 1978, observada a regra do *caput* deste artigo.

§ 7º. A pena de suspensão prevista no art. 21, inciso IV, da Lei nº 6.530, de 12 de maio de 1978, ainda que imposta por prazo determinado, se for aplicada por falta de pagamento de anuidades, emolumentos ou multas, só cessará com a satisfação da dívida, podendo ser cancelada a inscrição, de acordo com os critérios a serem fixados pelo COFECI.

Art. 29. Aplicar-se-á uma penalidade para cada ilícito disciplinar consignado no auto de infração.

Parágrafo único. A multa constitui a única sanção que permite aplicação cumulativa com outra, na punição de uma só infração.

Art. 30. O voto do Relator e a decisão da Comissão de Ética e Fiscalização Profissional, julgando a procedência ou não da autuação, serão transcritos no processo, com a assinatura, respectivamente, do relator e dos membros da Comissão.

Art. 31. Julgado o processo, este será remetido pelo Presidente da Comissão de Ética e Fiscalização Profissional ao Presidente do CRECI, para que seja promovida a comunicação da decisão ao autuado.

§ 1º. O autuado será cientificado da decisão, através de ofício, por via postal, com aviso de recebimento (AR).

§ 2º. Se procedente a autuação e não sendo efetivada a entrega do ofício ao autuado, aplicar-se-á, no que couber, o disposto nos §§ 1º, inciso II, 2º e 3º, do art. 11.

Art. 32. O autuado poderá recorrer da decisão que lhe impuser penalidade, na forma do art. 33.

Parágrafo único. Transcorrido o prazo para recurso, sem que este tenha sido interposto, o Presidente do CRECI determinará a execução da penalidade, na forma prevista na Seção V deste capítulo.

Seção IV – Do Recurso

Art. 33. O autuado poderá, no prazo de 30 (trinta) dias, contados da data do recebimento do ofício a que se refere o § 1º do art. 31, interpor recurso para o COFECI contra a decisão que julgar procedente a autuação.

Parágrafo único. O recurso, que terá efeito suspensivo será encaminhado por petição dirigida ao Presidente do CRECI, devidamente instruída com o recibo do depósito do valor da condenação.

• *Parágrafo único com redação dada pela Portaria COFECI nº 001/1984.*

Art. 34. Interposto o recurso, o Presidente do CRECI:

I — poderá atribuir-lhe, preliminarmente, efeito de pedido de reconsideração, submetendo-o à revisão do Plenário do CRECI; ou

II — determinará o seu encaminhamento ao COFECI.

Parágrafo único. Interposto ou não o recurso voluntário, o Presidente do CRECI recorrerá *ex officio* ao COFECI, no caso de imposição das penalidades de suspensão ou cancelamento da inscrição (art. 21, incisos IV e V, da Lei nº 6.530, de 12 de maio de 1978).

Art. 35. No caso do inciso I do art. 34, o Presidente do CRECI distribuirá o processo a um Conselheiro — exceto os componentes da Diretoria e membros da Comissão de Ética e Fiscalização Profissional que tenham funcionado no processo —, o qual o relatará e proferirá voto no Plenário, na Reunião seguinte.

§ 1º. Observar-se-á, quanto ao julgamento do pedido de reconsideração no Plenário o disposto no Regimento Interno do CRECI.

§ 2º. Certificar-se-á no processo a decisão do pedido de reconsideração.

§ 3º. A seguir, o processo retornará ao Presidente do CRECI para:

a) promover a comunicação da decisão ao autuado, através de ofício, se julgado procedente o pedido de reconsideração;

b) encaminhar o processo ao COFECI, para apreciação do recurso interposto, se o mesmo for julgado improcedente.

Art. 36. Se o Presidente do CRECI não atribuir ao recurso interposto efeito de pedido de reconsideração ou se apreciado este pelo Plenário do CRECI for julgado improcedente, deverá encaminhar o processo ao COFECI para apreciação do recurso.

Parágrafo único. O julgamento do recurso no COFECI obedecerá ao disposto no seu Regimento Interno.

Seção V — Da execução das penalidades

Art. 37. Julgado o recurso, transcorrido o prazo para eventual pedido de reconsideração e atendidas as demais formalidades, o Presidente do COFECI remeterá o processo ao CRECI de origem, para:

a) promover a comunicação da decisão ao recorrente, através de ofício, se julgado procedente o recurso;

b) executar a penalidade, se julgado improcedente.

Art. 38. As penas de advertência, censura e de multa serão comunicadas pelo CRECI ao autuado, através de ofício reservado, só se fazendo constar dos assentamentos da pessoa física ou jurídica inscrita, apenas para efeito de verificação de reincidência.

Parágrafo único. Somente em caso de reincidência é que deverá constar de certidão a menção das penalidades a que se refere este artigo.

Art. 39. A pena de suspensão será anotada na Carteira de Identidade Profissional do Corretor de Imóveis ou na do responsável pela pessoa jurídica, sendo que, no caso de não apresentação da carteira, no prazo de 10 (dez) dias, contados da data do recebimento do ofício, o CRECI deverá converter a penalidade aplicada na de cancelamento da inscrição.

§ 1º. A transformação da penalidade será decidida pelo Plenário do CRECI, na primeira Sessão a ser realizada após o transcurso do prazo previsto neste artigo.

§ 2º. O Presidente do CRECI recorrerá *ex officio* da decisão do Plenário ao COFECI, sem prejuízo do recurso voluntário que o autuado poderá interpor.

§ 3º. Se o COFECI confirmar a transformação da penalidade, o Presidente do CRECI, recebendo o processo originário do auto de infração, proferirá despacho determinando o cancelamento da inscrição do Corretor de Imóveis ou da pessoa jurídica.

Art. 40. As multas não pagas no prazo de 30 (trinta) dias, contados da data de comunicação do trânsito em julgado da decisão, serão inscritas como dívida ativa, para cobrança judicial nos termos da legislação específica.

Art. 41. Se a infração constituir ilícito penal, o Presidente do CRECI comunicará o fato à autoridade competente, para as providências que se fizerem necessárias.

Art. 42. O Presidente do CRECI comunicará aos Sindicatos de Corretores de Imóveis da Região a exclusão do profissional inscrito, para as providências cabíveis naqueles órgãos de classe.

Capítulo III — Da Representação

Art. 43. O processo de representação a que alude o art. 5º, iniciar-se-á por despacho do Presidente do CRECI da Região, em denúncia, comunicação de membro ou servidor do COFECI ou do CRECI, ou ofício de autoridade pública, que constituem suas peças preliminares.

Parágrafo único. O processo de representação será de natureza escrita e oral, permitindo, além das provas documental e pericial, o depoimento de testemunhas e acareações.

Seção I — Das Peças Preliminares

Art. 44. A denúncia poderá ser apresentada por qualquer pessoa física ou jurídica, inscrita ou não no CRECI, e deverá conter a qualificação e assinatura do denunciante, além de narrar, fundamentadamente, os fatos e circunstâncias tidas como caracterizadores da infração.

§ 1º. Com petição escrita, o denunciante poderá juntar documentos ou indicar diligências para a perfeita caracterização da infração.

§ 2º. As denúncias somente serão recebidas pelo protocolo do CRECI, quando contenham a assinatura e a qualificação do denunciante.

Art. 45. O membro ou servidor do COFECI ou CRECI que, na realização de serviços, apure infração, cuja comprovação quanto à existência e à autoria independa de diligência ou de exame externo de fiscalização, poderá comunicá-la, por escrito, ao Presidente do CRECI, objetivando a instauração de representação contra o infrator.

Art. 46. Nos ofícios encaminhados pelas autoridades públicas em geral, de qualquer Poder da União, dos Estados, do Distrito Federal e dos Municípios, bem como de suas autarquias, empresas públicas, sociedades de economia mista e fundações, comunicando a ocorrência de fatos que possam caracterizar a prática de infrações disciplinares por parte de pessoa física ou jurídica, o Presidente do CRECI poderá determinar a instauração de representação contra o infrator.

Seção II – do processamento

Art. 47. Se a denúncia, comunicação de membro ou servidor do COFECI ou CRECI ou ofício de autoridade pública contiver:

I – matéria manifestamente improcedente, será arquivada *in limine* pelo Presidente do CRECI;

II – todos os elementos necessários à convicção sobre a existência de infração, será transformada em representação pelo Presidente do CRECI, que determinará seu processamento, o qual se iniciará mediante a lavratura de termo próprio;

III – elementos que autorizem diligências para a comprovação da infração, o Presidente do CRECI poderá determiná-la e, conforme o caso, proceder de acordo com os itens anteriores.

§ 1º. Para proferir o despacho a que se refere este artigo, o Presidente do CRECI deverá ouvir a Assessoria Jurídica.

§ 2º. Se a peça preliminar descrever fato caracterizador de infração cometida por pessoa física ou jurídica não inscrita, o Presidente do CRECI deixará de instaurar a representação, remetendo a referida peça preliminar à autoridade policial, com vistas à instauração de processo contravencional.

Art. 48. Com o despacho do Presidente do CRECI proferido na forma do artigo anterior, a peça preliminar será encaminhada à Coordenadoria de Fiscalização, para:

a) formar processo de representação com a lavratura de termo próprio, em 03 (três) vias, devendo a primeira via dele constar, em seguimento a peça preliminar;

b) remeter a segunda via do termo de representação ao representado, para apresentação de defesa;

c) arquivar a terceira via, para eventual restauração do processo.

Parágrafo único. O termo de representação será lavrado de forma clara e objetiva, sem entrelinhas ou rasuras, contendo:

a) qualificação e endereço do representado;

b) data e local da lavratura;

c) identificação do CRECI e seu endereço;

d) menção da peça originária da representação, bem como do despacho do Presidente que determinar a instauração do processo;

e) indicação da pessoa, membro do COFECI ou CRECI ou da autoridade pública que subscrever a peça originária;

f) síntese dos fatos descritos na peça originária, bem como a indicação do dispositivo legal infringido;

g) assinatura do Coordenador de Fiscalização.

Art. 49. A segunda via do termo de representação será remetida ao representado por via postal, com aviso de recebimento (AR).

Parágrafo único. Não sendo efetivada a entrega, proceder-se-á na forma dos §§ 1º, inciso II, 2º e 3º do art. 11.

Art. 50. A Coordenadoria de Fiscalização deverá certificar no processo os antecedentes disciplinares do representado e se o mesmo se encontra em débito de anuidade e emolumentos para com o CRECI.

Art. 51. A contar da data do recebimento da segunda via do termo de representação ou do dia imediato ao da única publicação do edital, correrá o prazo improrrogável de 15 (quinze) dias para a apresentação de defesa escrita, acompanhada ou não de documentos e requerimento de diligência e quaisquer provas admitidas em direito, aplicando-se ao representado o disposto no Parágrafo único do art. 20.

Art. 52. Durante o prazo de defesa o representado poderá ter vista do processo na Coordenadoria de Fiscalização.

Art. 53. Caso o representado não apresente defesa, no prazo do art. 51, a Coordenadoria de Fiscalização certificará, no processo, a sua inação.

Art. 54. Esgotado o prazo do art. 51, a Coordenadoria de Fiscalização remeterá o processo, com ou sem defesa, ao Presidente do CRECI, que o encaminhará à Comissão de Ética e Fiscalização Profissional.

Art. 55. Recebendo o processo, o relator da Comissão de Ética e Fiscalização Profissional:

I – verificará se a sua instrução está regular e completa, determinando eventuais medidas e diligências necessárias, podendo, nesse caso, devolver o processo à Coordenadoria de Fiscalização para a realização das referidas diligências;

II – presidirá a produção de prova testemunhal e acareações requeridas na defesa e que julgue convenientes;

III – deverá encaminhar o processo à Assessoria Jurídica para apreciação.

Art. 56. O Relator, após concluída a instrução, submeterá o processo à apreciação da Comissão de Ética e Fiscalização Profissional para elaboração de relatório conjunto, no qual examinará o mérito e indicará a falta cometida e a sanção cabível, encaminhando-o, em seguida, ao Presidente do CRECI.

Seção III – Da decisão em primeira instância

Art. 57. O Presidente distribuirá o processo a um Conselheiro – exceto os componentes da Diretoria e os membros da Comissão de Ética e Fiscalização Profissional que tenham funcionado no processo –, o qual o relatará e proferirá voto no Plenário, na Reunião seguinte.

Art. 58. No julgamento da representação em Plenário observar-se-á o que dispuser o Regimento Interno do CRECI.

Art. 59. Para a aplicação de sanções observar-se-á, no que couber, o disposto nos arts. 28 e 29.

Art. 60. Serão transcritos no processo o voto do Relator e a decisão do Plenário, com as assinaturas, respectivamente, do relator e do Presidente do CRECI.

Art. 61. Da decisão será dada ciência ao representado, através de ofício, por via postal, com aviso de recebimento (AR).

Parágrafo único. Se procedente a representação e não sendo efetivada a entrega do ofício ao representado, aplicar-se-á, no que couber, o disposto nos §§ 1º, inciso II, 2º e 3º do art. 11.

Art. 62. O representado poderá recorrer da decisão que lhe impuser penalidade, na forma do art. 63.

Parágrafo único. Transcorrido o prazo para recurso, sem que este tenha sido interposto, o Presidente do CRECI determinará a execução da penalidade, na forma prevista na Seção V deste Capítulo.

Seção IV — do recurso

Art. 63. O representado poderá, no prazo de 30 (trinta) dias contados da data do recebimento do ofício a que se refere o art. 61, interpor recurso para o COFECI contra a decisão que julgar procedente a representação.

Parágrafo único. O recurso terá efeito suspensivo e será encaminhado por petição dirigida ao Presidente do CRECI.

Art. 64. Interposto o recurso, o Presidente do CRECI procederá na forma prevista nos arts. 34, 35 e 36.

Art. 65. O julgamento do recurso no COFECI obedecerá ao disposto no seu Regimento Interno.

Seção V — da execução de penalidades

Art. 66. Aplicam-se à execução de penalidade imposta em processo de representação os dispositivos da Seção V, do Capítulo II deste Código.

Título III — da competência

Art. 67. São competentes:

I — o agente de fiscalização e o membro ou servidor do CRECI, quando credenciados pelo Presidente para exercer atividade de fiscalização externa, para lavrar auto de infração, de constatação, e a notificação a que se refere o art. 15;

II — a Coordenadoria de Fiscalização do CRECI da Região, para:

a) processar o auto de infração e de constatação;

b) lavrar o termo de representação, encaminhá-lo ao representado e promover as diligências preliminares no processo de representação;

III – o Presidente do CRECI da Região, para:

a) determinar a instauração de processo de representação;

b) reconhecer o efeito de pedido de reconsideração no recurso interposto contra a decisão de primeira instância;

c) encaminhar recursos *ex officio* e voluntário ao COFECI.

IV – a Comissão de Ética e Fiscalização Profissional, para:

a) julgar, em primeira instância, o processo originário de auto de infração;

b) instruir ou complementar a instrução do processo de representação.

V – o Plenário do CRECI da Região, para:

a) julgar o pedido de reconsideração nos processos originários de auto de infração;

b) julgar, em primeira instância, o processo de representação e decidir o pedido de reconsideração dele interposto;

VI – as Câmaras Recursais para julgar os recursos em processos de natureza disciplinar.

• *Inciso VI com redação dada pela Resolução COFECI nº 608/1999.*

VII – o Plenário do COFECI, como última e definitiva instância, para:

a) julgar recursos em processos de natureza administrativa;

b) apreciar e julgar pedidos de reconsideração de suas próprias decisões;

c) apreciar e julgar pedidos de revisão de decisões das Câmaras Recursais.

• *Inciso VII acrescido pela Resolução COFECI nº 608/1999.*

§§ 1º a 11. (Revogados).

• *§ 1º a 11 revogados pela Resolução COFECI nº 1.126/2009.*

Título IV — Das disposições gerais

Art. 68. A punibilidade decorrente de ilícito apurado em processo disciplinar prescreve em 05 (cinco) anos contados da data de verificação de sua ocorrência.

Art. 69. A lavratura do auto de infração ou do termo de representação interrompe o prazo prescricional de que trata o artigo anterior.

Parágrafo único. A partir da data da entrega da defesa ou do transcurso do prazo para sua apresentação recomeçará a fluir novo prazo prescricional.

Art. 70. Será arquivado, *ex officio* ou a requerimento do autuado ou do representado, todo processo disciplinar paralisado há mais de 03 (três) anos, pendente de despacho ou julgamento.

Parágrafo único. Será responsabilizado administrativamente o membro ou servidor do CRECI que der causa ao arquivamento a que se refere este artigo.

Art. 71. Os prazos previstos neste Código, sempre computados excluindo-se o dia do começo e incluindo-se o do vencimento, serão contínuos e não se interromperão em domingos, sábados, feriados e dias de ponto facultativo, mas não começarão nem terminarão nesses dias e, nesta última hipótese, serão prorrogados até o primeiro dia útil subsequente.

Parágrafo único. Excetua-se das disposições deste artigo o prazo referido no art. 15.

Art. 72. Qualquer membro da Diretoria, Conselheiro ou servidor do CRECI que tenha conhecimento de infração ao art. 47 do Decreto-Lei nº 3.688, de 3 de outubro de 1941 (Lei das Contravenções Penais) é obrigado a comunicá-lo ao Presidente, e este, à autoridade policial para as providências de sua área de competência.

Título V — Das disposições transitórias

Art. 73. Aplicam-se às disposições deste Código aos processos em curso.

6. Resolução cofeci nº 315, de 13 de dezembro de 1991

Fixa parâmetros para determinação de pena pecuniária aplicável às pessoas físicas e jurídicas que sejam autuadas e respondam a processos disciplinares.

O Conselho Federal de Corretores de Imóveis – COFECI, no uso das atribuições que lhe são conferidas pelo art. 16, inciso VII, da Lei nº 6.530, de 12 de maio de 1978,

Considerando as constantes flutuações da Política Econômica trazendo reflexo ao padrão monetário, bem como, extinguindo e criando indexadores;

Considerando que a punição ineficaz equivale, por mais das vezes, a falta de punição, trazendo descrédito ao órgão fiscalizador;

Considerando a autonomia dos Conselhos Regionais no que concerne a apenação dos seus inscritos, baseada pelas normas editadas pelo COFECI;

Considerando que a anuidade sempre obedece a parâmetros legais e incide sobre a atividade lícita do Corretor de Imóveis, também poderá e deverá servir de parâmetro para a punição dos atos infracionais dos Corretores de Imóveis;

Considerando a decisão do Egrégio Plenário, adotada em Sessão realizada dia 12 de dezembro de 1991,

Resolve:

Art. 1º. Estabelecer a seguinte tabela para a aplicação de penas de multa para as pessoas físicas e jurídicas inscritas nos Conselhos Regionais:

Item I – Pessoa Física

A) As infrações LEVES contidas no art. 3º, incisos II, III, IV, VII, VIII, X, XI e XII; art. 4º, incisos I e VI; art. 6º, incisos II, XIV, XV, XVI, XVII e XVIII do Código de Ética Profissional, serão punidas com a multa de 1 a 3 anuidades, sem prejuízo das demais sanções penais previstas.

B) As infrações GRAVES contidas no art. 3º, incisos I, V, VI e IX; art. 4º, incisos II, III, IV, V, VII, VIII, IX e X; art. 6º, incisos I, III, IV, V, VI VII, VIII, IX, X, XI, XII, XIII, XIX e XX do Código de Ética Profissional serão punidas com a multa de 2 a 6 anuidades.

Item II – Pessoa Jurídica

Às pessoas jurídicas aplicar-se-á o mesmo critério, considerando-se a anuidade correspondente ao seu Capital Social conforme determina a Resolução – COFECI nº 305/1991.

Parágrafo único. As multas serão calculadas consoante o valor correspondente a anuidade do dia do seu efetivo pagamento.

Art. 2º. Julgada procedente a autuação fiscal pelo caso de condenação a multa, o valor será reduzido em 50% (cinquenta por cento) se o infrator efetuar o pagamento no prazo de 15 (quinze) dias contados da notificação da decisão sem interposição de recurso.

Art. 3º. Esta Resolução entra em vigor na data de sua publicação, revogadas as disposições contrárias, nomeadamente o § 5º, do art. 28, da Resolução COFECI nº 146/82.

Brasília-DF, 13 de dezembro de 1991

Waldyr Francisco Luciano – Presidente

DOU de 24.12.1991

7. Resolução cofeci nº 316, de 13 de dezembro de 1991

Fixa parâmetros para determinação de pena pecuniária aplicável às pessoas físicas e jurídicas que sejam autuadas no exercício ilegal da profissão.

O Conselho Federal de Corretores de Imóveis – COFECI, no uso das atribuições que lhe são conferidas pelo art. 16, inciso XVII, da Lei nº 6.530, de 12 de maio de 1978, com fundamento no Acórdão de 23.5.1984, do extinto Egrégio Tribunal Federal de Recursos, prolatado na Apelação Cível nº 87.375 – Reg. 44.12087, na Sentença II.03005/88, de 8.12.1988, da 7ª Vara Federal/PE, prolatada no Mandado de Segurança nº 064-2/87, bem como no Acórdão de 26.4.1990, da 1ª Turma do Egrégio Tribunal Regional Federal, da 5º Região/ PE, publicado no *DJ* de 25.5.1990, seção II, página 10.906,

Considerando as constantes flutuações da Política Econômica trazendo reflexo ao padrão monetário, bem como, extinguindo e criando indexadores;

Considerando que a punição ineficaz equivale, por mais das vezes, a falta de punição, trazendo descrédito ao órgão fiscalizador;

Considerando a decisão do Egrégio Plenário, adotada em Sessão realizada dia 12 de dezembro de 1991;

Resolve:

Art. 1º. As pessoas físicas e jurídicas que com habitualidade, exerçam atividades privativas do Corretor de Imóveis sem estarem devidamente inscritas no respectivo Conselho Regional, estarão sujeitas a multa correspondente:

a) Pessoa Física – 01 a 05 anuidades atribuídas às pessoas físicas legalmente inscritas;

b) Pessoa Jurídica – 02 a 10 anuidades atribuídas às pessoas físicas legalmente inscritas.

Parágrafo único. As multas acima referidas, serão calculadas com base no valor integral da anuidade do dia do seu efetivo pagamento, não se considerando os descontos previstos no art. 2º da Resolução COFECI nº 305/1991, que somente beneficiam aos profissionais regularmente inscritos.

Art. 2º. O Auto de Infração será lavrado e o processo administrativo terá tramitação regular.

Art. 3º. Julgada procedente a autuação fiscal e no caso de condenação a multa, o valor será reduzido em 50% (cinquenta por cento) se o infrator efetuar o pagamento no prazo de 15 (quinze) dias, contados da data da notificação da decisão.

Art. 4º. Da decisão de que trata o Artigo anterior o interessado poderá recorrer ao COFECI, obedecidas as disposições legais vigentes.

Art. 5º. Esta Resolução entra em vigor na data de sua publicação, revogadas as disposições contrárias, nomeadamente a Resolução COFECI nº 274/1990.

Brasília-DF, 13 de dezembro de 1991

Waldyr Francisco Luciano - Presidente

Rubem Ribas - Diretor 1º Secretário

DOU de 24.12.1991

8. Resolução cofeci nº 326, de 25 de junho de 1992

Aprova o Código de Ética Profissional dos Corretores de Imóveis.

Ad referendum

O Presidente do Conselho Federal de Corretores de Imóveis – COFECI, no uso das atribuições que lhe são conferidas pelo art. 10, item VIII do Decreto nº 81.871, de 29 de junho de 1978,

Resolve:

Art. 1º. Aprovar o anexo Código de Ética Profissional.

Art. 2º. A presente Resolução entrará em vigor na data de sua publicação, revogadas as disposições contrárias, especialmente as Resoluções COFECI nºs 014/1978, 037/1979 e 145/1982.

Brasília, DF, 25 de junho de 1992

Waldyr Francisco Luciano – Presidente

Rubem Ribas – Diretor 1º Secretário

DOU de 8.7.1992

Código de ética profissional

Art. 1º. Este Código de Ética Profissional tem por objetivo fixar a forma pela qual deve se conduzir o Corretor de Imóveis, quando no exercício profissional.

Art. 2º. Os deveres do Corretor de Imóveis compreendem, além da defesa do interesse que lhe é confiado, o zelo do prestígio de sua classe e o aperfeiçoamento da técnica das transações imobiliárias.

Art. 3º. Cumpre ao Corretor de Imóveis, em relação ao exercício da profissão, à classe e aos colegas:

I – considerar a profissão como alto título de honra e não praticar nem permitir a prática de atos que comprometam a sua dignidade;

II – prestigiar as entidades de classe, contribuindo sempre que solicitado, para o sucesso de suas iniciativas em proveito da profissão, dos profissionais e da coletividade;

III – manter constante contato com o Conselho Regional respectivo, procurando aprimorar o trabalho desse órgão;

IV – zelar pela existência, fins e prestígio dos Conselhos Federal e Regionais, aceitando mandatos e encargos que lhes forem confiados e cooperar com os que forem investidos em tais mandatos e encargos;

V – observar os postulados impostos por este Código, exercendo seu mister com dignidade;

VI – exercer a profissão com zelo, discrição, lealdade e probidade, observando as prescrições legais e regulamentares;

VII – defender os direitos e prerrogativas profissionais e a reputação da classe;

VIII – zelar pela própria reputação mesmo fora do exercício profissional;

IX – auxiliar a fiscalização do exercício profissional, cuidando do cumprimento deste Código, comunicando, com discrição e fundamentadamente, aos órgãos competentes, as infrações de que tiver ciência;

X – não se referir desairosamente sobre seus colegas;

XI – relacionar-se com os colegas, dentro dos princípios de consideração, respeito e solidariedade, em consonância com os preceitos de harmonia da classe;

XII – colocar-se a par da legislação vigente e procurar difundi-la a fim de que seja prestigiado e definido o legítimo exercício da profissão.

Art. 4º. Cumpre ao Corretor de Imóveis, em relação aos clientes:

I – inteirar-se de todas as circunstâncias do negócio, antes de oferecê-lo;

II – apresentar, ao oferecer um negócio, dados rigorosamente certos, nunca omitindo detalhes que o depreciem, informando o cliente dos riscos e demais circunstâncias que possam comprometer o negócio;

III – recusar a transação que saiba ilegal, injusta ou imoral;

IV – comunicar, imediatamente, ao cliente o recebimento de valores ou documentos a ele destinados;

V – prestar ao cliente, quando este as solicite ou logo que concluído o negócio, contas pormenorizadas;

VI – zelar pela sua competência exclusiva na orientação técnica do negócio, reservando ao cliente a decisão do que lhe interessar pessoalmente;

VII – restituir ao cliente os papéis de que não mais necessite;

VIII – dar recibo das quantias que o cliente lhe pague ou entregue a qualquer título;

IX – contratar, por escrito e previamente, a prestação dos serviços profissionais;

X – receber, somente de uma única parte, comissões ou compensações pelo mesmo serviço prestado, salvo se, para proceder de modo diverso, tiver havido consentimento de todos os interessados, ou for praxe usual na jurisdição.

Art. 5º. O Corretor de Imóveis responde civil e penalmente por atos profissionais danosos ao cliente, a que tenha dado causa por imperícia, imprudência, negligência ou infrações éticas.

Art. 6º. É vedado ao Corretor de Imóveis:

I – aceitar tarefas para as quais não esteja preparado ou que não se ajustem às disposições vigentes, ou ainda, que possam prestar-se a fraude;

II – manter sociedade profissional fora das normas e preceitos estabelecidos em lei e em Resoluções;

III – promover a intermediação com cobrança de *over-price*;

IV – locupletar-se, por qualquer forma, a custa do cliente;

V – receber comissões em desacordo com a Tabela aprovada ou vantagens que não correspondam a serviços efetiva e licitamente prestados;

VI – angariar, direta ou indiretamente, serviços de qualquer natureza, com prejuízo moral ou material, ou desprestígio para outro profissional ou para a classe;

VII – desviar, por qualquer modo, cliente de outro Corretor de Imóveis;

VIII – deixar de atender às notificações para esclarecimento à fiscalização ou intimações para instrução de processos;

IX – acumpliciar-se, por qualquer forma, com os que exercem ilegalmente atividades de transações imobiliárias;

X – praticar quaisquer atos de concorrência desleal aos colegas;

XI – promover transações imobiliárias contra disposição literal da lei;

XII – abandonar os negócios confiados a seus cuidados, sem motivo justo e prévia ciência do cliente;

XIII – solicitar ou receber do cliente qualquer favor em troca de concessões ilícitas;

XIV – deixar de cumprir, no prazo estabelecido, determinação emanada do órgão ou autoridade dos Conselhos, em matéria de competência destes;

XV – aceitar incumbência de transação que esteja entregue a outro Corretor de Imóveis, sem dar-lhe prévio conhecimento, por escrito;

XVI – aceitar incumbência de transação sem contratar com o Corretor de Imóveis, com que tenha de colaborar ou substituir;

XVII – anunciar capciosamente;

XVIII – reter em suas mãos negócio, quando não tiver probabilidade de realizá-lo;

XIX – utilizar sua posição para obtenção de vantagens pessoais, quando no exercício de cargo ou função em órgão ou entidades de classe;

XX – receber sinal nos negócios que lhe forem confiados caso não esteja expressamente autorizado para tanto.

Art. 7º. Compete ao CRECI, em cuja jurisdição se encontrar inscrito o Corretor de Imóveis, a apuração das faltas que cometer contra este Código, e a aplicação das penalidades previstas na legislação em vigor.

Art. 8º. Comete grave transgressão ética o Corretor de Imóveis que desatender os preceitos dos arts. 3º, I, V, VI e IX; 4º, II, III, IV, V, VII, VIII, IX e X; 6º, I, III, IV, V, VI, VII, VIII, IX, X, XI, XII, XIII, XIX e XX, e transgressão de natureza leve o que desatender os demais preceitos deste Código.

Art. 9º. As regras deste Código obrigam aos profissionais inscritos nos Conselhos Regionais.

Art. 10. As Diretorias dos Conselhos Federal e Regionais promoverão a ampla divulgação deste Código de Ética.

Brasília, DF, 25 de junho de 1992

Waldyr Francisco Luciano – Presidente

Rubem Ribas – Diretor 1º Secretário

Homologada em Sessão Plenária de 7.8.1992

9. RESOLUÇÃO COFECI Nº 1.168, DE 9 DE ABRIL DE 2010

Dispõe sobre os procedimentos a serem observados pelas pessoas jurídicas que exerçam atividades de promoção imobiliária ou compra e venda de imóveis, para cumprimento das obrigações consignadas na Lei nº 9.613, de 3 de março de 1998 e subsequentes alterações.

O Conselho Federal de Corretores de Imóveis – COFECI, no exercício regular das atribuições que lhe são conferidas pelo art. 16, inciso XVII, da Lei nº 6.530, de 12 de maio de 1978.

Considerando as obrigações que lhe são atribuídas pelo art. 5º da Lei nº 6.530/1978, como órgão regulador e fiscalizador do exercício da profissão de corretor de imóveis, bem como das pessoas jurídicas cujas atividades compreendem a promoção imobiliária e a compra e venda de imóveis;

Considerando que o art. 9º, inciso X, da Lei nº 9.613/1988 subordina essas pessoas jurídicas ao cumprimento das obrigações consignadas nos arts. 10 e 11 desta mesma Lei;

Considerando que, de acordo com o Parecer PGFN/CAF/Nº 749/2008, de 23 de abril de 2008, da Procuradoria Geral da Fazenda Nacional, o art. 14, § 1º, da Lei nº 9.613/98 ressalva ao COFECI, na condição de órgão próprio regulador e fiscalizador das atividades de promoção imobiliária e compra e venda de imóveis, as obrigações de discipliná-las e, se for o caso, aplicar penas administrativas às empresas que as exerçam, cabendo ao Conselho de Controle de Atividades Financeiras – COAF, receber, examinar e identificar as ocorrências suspeitas de atividades ilícitas previstas na Lei nº 9.613/1998;

Considerando que o Conselho Federal e os Conselhos Regionais de Corretores de Imóveis, de acordo com a Resolução COFECI nº 1.126, de 25 de março de 2009, compõem um sistema denominado "Sistema COFECI/CRECI";

Considerando a decisão adotada pelo E. Plenário em Sessão realizada no dia 9 de abril de 2009, na cidade de Vitória, ES,

Resolve:

Seção I – das disposições preliminares

Art. 1º. Com o objetivo de prevenir e combater os crimes de financiamento ao terrorismo, "lavagem" ou ocultação de bens, direitos e valores, conforme estabelecido na Lei nº 9.613, de 3 de março de 1998, com suas subsequentes alterações, regulamentada pelo Decreto nº 2.799, de 8 de outubro de 1998, as pessoas jurídicas que exerçam atividades de promoção imobiliária ou compra e venda de imóveis, em caráter permanente ou eventual, de forma principal ou acessória, cumulativamente ou não, tais como: construtoras, incorporadoras, imobiliárias, loteadoras, leiloeiras de imóveis, administradoras de bens imóveis e cooperativas habitacionais, dentre outras, deverão observar as disposições constantes da presente Resolução.

Seção II – da identificação dos clientes e manutenção de cadastros

Art. 2º. As pessoas mencionadas no art. 1º deverão cadastrar-se e manter seu cadastro atualizado junto ao Sistema COFECI/CRECI, fornecendo as seguintes informações:

I – Denominação empresarial (razão social) e de fantasia;

II – Número de inscrição no Cadastro Nacional de Pessoas Jurídicas – CNPJ;

III – Endereço completo (logradouro, complemento, bairro, cidade, Unidade da Federação e Código de Endereçamento Postal – CEP), endereço eletrônico (email) e telefones; e

IV – Identificação do responsável pela observância das normas previstas na presente Resolução.

Parágrafo único. O Sistema COFECI/CRECI repassará ao COAF o cadastro de que trata este artigo, que lhe esteja disponível, assim como suas atualizações.

Art. 3º. As pessoas mencionadas no art. 1º deverão identificar e manter em seus próprios arquivos cadastro atualizado, nos termos desta Resolução, de seus clientes e de todos os intervenientes em negócios imobiliários por elas realizados ou intermediados, tais como: compradores, vendedores, seus cônjuges ou companheiros, administradores ou controladores, quando se tratar de pessoa jurídica, assim como de procuradores, representantes legais, corretores, advogados ou qualquer outro participante no negócio, quando for o caso.

Art. 4º. O cadastro dos clientes e dos intervenientes mencionados no art. 3º deverá conter, no mínimo, as seguintes informações:

I – se pessoa física:

a) nome, sexo, data de nascimento, filiação, naturalidade, nacionalidade, estado civil e nome do cônjuge ou companheiro, se for o caso;

b) endereço residencial completo (logradouro, complemento, bairro, cidade, Unidade da Federação e Código de Endereçamento postal – CEP), endereço eletrônico (e-mail) e telefones;

c) número de inscrição no Cadastro de Pessoas Físicas – CPF;

d) número de documento de identificação, nome do órgão expedidor e data de expedição ou dados do passaporte ou carteira civil, se estrangeira; e

e) atividade principal desenvolvida.

II – se pessoa jurídica:

a) denominação empresarial (razão social) e de fantasia;

b) número de inscrição no Cadastro Nacional de Pessoa Jurídica – CNPJ;

c) endereço completo (logradouro, complemento, bairro, cidade, Unidade da Federação e Código de Endereçamento Postal – CEP), endereço eletrônico (e-mail) e telefone;

d) atividade principal desenvolvida; e

e) nome e número de inscrição no Cadastro de Pessoas Físicas – CPF dos administradores, proprietários, controladores, procuradores e representantes legais.

§ 1º. O cadastro de que trata este artigo, referente a cliente pessoa jurídica constituída sob a forma de empresa de capital aberto devem abranger informações sobre as pessoas naturais autorizadas a representá-la, bem como seus controladores e administradores, contendo todos os dados definidos no inciso I.

§ 2º. O cadastro de que trata este artigo, referente a cliente pessoa jurídica constituída sob forma diversa de empresa de capital aberto deve abranger informações sobre as pessoas naturais autorizadas a representá-la, bem como a cadeia de participação societária, até alcançar a pessoa natural caracterizada como beneficiário final, contendo todos os dados definidos no inciso I.

Seção III – dos registros das transações

Art. 5º. As pessoas mencionadas no art. 1º deverão manter, em arquivo próprio, registro de toda transação imobiliária de valor igual ou superior a R$ 100.000,00 (cem mil reais), que contenha, no mínimo, os seguintes dados:

I – sobre a identificação do imóvel:

a) descrição e endereço completo do imóvel, inclusive o Código de Endereçamento Postal (CEP); e

b) número da matrícula e data do registro no cartório de registro de imóveis.

II – sobre a identificação da transação imobiliária:

a) data da transação;

b) valor da transação;

c) condições de pagamento: registrar se o pagamento foi efetuado à vista, a prazo ou mediante financiamento; e

d) forma de pagamento informando a moeda utilizada e se a operação foi efetuada, dentre outras, em espécie, por meio de cheque, ou por transferência bancária ou qualquer outro instrumento, consignando seus respectivos dados essenciais.

Parágrafo único. Se o pagamento for efetuado através de cheque ou transferência bancária, deverão ser informados os bancos envolvidos, as respectivas agências, as contas correntes e o número do cheque.

SEÇÃO IV — DAS OPERAÇÕES

Art. 6º. As pessoas mencionadas no art. 1º dispensarão especial atenção às operações ou propostas que possam constituir-se em indícios dos crimes previstos na Lei nº 9.613, de 1998, ou com eles se relacionarem, implementando procedimentos de controle interno que permitam detectá-las.

SEÇÃO V — DAS COMUNICAÇÕES AO COAF

Art. 7º. As pessoas mencionadas no art. 1º deverão comunicar ao COAF, no prazo de vinte e quatro horas, abstendo-se de dar ciência aos clientes de tal ato, a proposta ou a realização de transações previstas no art. 6º ou no anexo a esta Resolução.

Parágrafo único. As pessoas mencionadas no art. 1º que não tiverem efetuado comunicações na forma do caput deste artigo, durante o semestre civil, estarão declarando, tacitamente, sob as penas da lei, a inocorrência de tais transações ou propostas.

Art. 8º. As comunicações feitas de boa-fé, conforme previsto no § 2º do art. 11 da Lei nº 9.613, de 1998, não acarretarão responsabilidade civil ou administrativa.

Art. 9º. As comunicações de que trata esta seção deverão ser encaminhadas por meio de formulário eletrônico disponível na página do COAF (http://coaf.fazenda.gov.br), ou, na eventual impossibilidade, por qualquer outro meio que preserve o sigilo da informação.

SEÇÃO VI — DAS DISPOSIÇÕES GERAIS E FINAIS

Art. 10. Os cadastros e registros previstos nesta Resolução deverão ser conservados pelas pessoas mencionadas no art. 1º durante o período mínimo de cinco anos, a partir da data informada como da efetivação da transação.

Art.11. As pessoas mencionadas no art. 1º deverão atender, a qualquer tempo, às requisições de informações formuladas pelo COAF ou pelo Sistema COFECI/CRECI.

Parágrafo único. As informações fornecidas ao COAF ou ao Sistema COFECI/CRECI serão classificadas como confidenciais nos termos do § 1º do art. 23 da Lei nº 8.159, de 8 de janeiro de 1991.

Art.12. Às pessoas mencionadas no art. 1º, bem como aos seus administradores, que deixarem de cumprir as obrigações desta Resolução, serão aplicadas, cumulativamente ou não, pelo Sistema COFECI/CRECI, as sanções previstas no art. 12 da Lei nº 9.613, de 1998, na forma do disposto no Decreto nº 2.799, de 1998, e na Portaria do Ministro de Estado da Fazenda nº 330, de 18 de dezembro de 1998, sem prejuízo da aplicação cumulativa das penas previstas na Lei nº 6.530/1978 por infração ao Código de Ética Profissional (Resolução COFECI nº 326, de 25 de junho de 1992).

Art.13. Fica o Presidente do COFECI autorizado a baixar as instruções complementares a esta Resolução, em especial no que se refere às disposições constantes da Seção V – Das Comunicações ao COAF.

Art.14. Esta Resolução entrará em vigor na data de sua publicação, produzindo efeitos a partir de 30 (trinta) dias após a sua publicação.

Vitória(ES), 9 de abril de 2010.

João Teodoro da Silva

Edécio Nogueira Cordeiro

ANEXO À RESOLUÇÃO COFECI Nº 1.168,
DE 9 DE ABRIL DE 2010.

Relação de operações imobiliárias ou propostas de negócios passíveis de estarem relacionadas a crimes previstos na Lei nº 9.613/98

1. Transação imobiliária cujo pagamento ou recebimento, igual ou superior a R$ 100.000,00 (cem mil reais) ou o equivalente em moeda estrangeira, seja realizado por terceiros;

2. Transação imobiliária cujo pagamento, igual ou superior a R$ 100.000,00 (cem mil reais) ou o equivalente em moeda estrangeira, seja realizado com recursos de origens diversas (cheques de várias praças e/ou de vários emitentes) ou de diversas naturezas;

3. Transação imobiliária cujo pagamento, igual ou superior a R$ 100.000,00 (cem mil reais) ou o equivalente em moeda estrangeira, seja realizado em espécie;

4. Transação imobiliária ou proposta igual ou superior a R$ 100.000,00 (cem mil reais) ou o equivalente em moeda estrangeira, cujo comprador tenha sido anteriormente dono do mesmo imóvel;

5. Transação imobiliária cujo pagamento, igual ou superior a R$ 100.000,00 (cem mil reais) ou o equivalente em moeda estrangeira, em especial aqueles oriundos de local considerado paraíso fiscal pela Secretaria da Receita Federal do Brasil, tenha sido realizado por meio de transferência de recursos do exterior.

6. Transação imobiliária cujo pagamento, igual ou superior a R$ 100.000,00 (cem mil reais) ou o equivalente em moeda estrangeira, seja realizado por pessoas residentes ou domiciliadas em cidades localizadas na faixa de fronteira designada no art. 20, § 2º da CF;

7. Transações imobiliárias com valores inferiores aos limites estabelecidos nos itens 1 a 6 deste anexo que, por sua habitualidade e forma, possam configurar artifício para a burla dos referidos limites;

8. Transações imobiliárias com aparente aumento ou diminuição injustificada do valor do imóvel;

9. Transações imobiliárias ou propostas que, por suas características, no que se referem às partes envolvidas, valores, forma de realização, instrumentos utilizados ou pela falta de fundamento econômico ou legal, possam configurar indícios de crime;

10. Transação imobiliária incompatível com o patrimônio, a atividade principal desenvolvida ou a capacidade financeira presumida das partes;

11. Atuação no sentido de induzir a não manutenção dos registros da transação realizada;

12. Resistência em prestar as informações necessárias para a formalização da transação imobiliária ou do cadastro, oferecimento de informação falsa ou prestação de informação de difícil ou onerosa verificação;

13. Transação imobiliária cujo pagamento ou recebimento, igual ou superior a R$ 100.000,00 (cem mil reais) ou o equivalente em moeda estrangeira, envolva pessoa física ou jurídica estrangeira ou com domicílio/sede em outro país; e

14. Transação imobiliária cujo valor em contrato se mostre divergente da base de cálculo do Imposto de Transmissão de Bens Imóveis Intervivos – ITBI recolhido.

DOU de 26.4.2010

Referências

BUSSADA, Wilson. *Compra e Venda*: interpretada pelos Tribunais. Rio de Janeiro: Liber Juris, 1973.

———. *Corretagem*: interpretada pelos Tribunais. Bauru-SP: Jalovi, 1985.

CALDAS, Gilberto. *Nova Lei do Inquilinato Comentada*. São Paulo: Brasilivros, 1979.

COFECI – Conselho Federal de Corretores de Imóveis. *Guia Prático do Corretor de Imóveis*. [S.l.]: [s.n.], 1984.

D'ABADIA, Gilma Maria Dias; MARA, Terezinha Aparecida Mendes; SIQUEIRA, Tereza Cristina Barbo; LEITE, Silvio Fernandes. *Manual Técnico em Transações Imobiliárias*. 4. ed. v. 2. Goiânia: AB, 1988.

FERRARI, Irany. *O Trabalhador Avulso e o Profissional Autônomo*. 2. ed. São Paulo: LTr, 1972.

FIUZA, Ricardo. *Novo Código Civil Comentado*. Saraiva: São Paulo, 2002.

FRANÇA, R. Limongi. *Enciclopédia Saraiva do Direito*. São Paulo: Saraiva, 1982.

GAMA, Affonso Dionysio. *Teoria e Prática dos Contratos por Instrumento Particular no Direito Brasileiro*. Rio de Janeiro: Freitas Bastos, 1981.

GIANULO, Wilson. *Código de Processo Civil Referendado*. São Paulo: Jurídica Brasileira, 2002.

GOMES, Orlando. *Contratos*. 7. ed. Rio de Janeiro: Forense, 1979.

———. *Questões de Direito Civil*. São Paulo: Saraiva, 1976.

GONÇALVES, Carlos. *Impenhorabilidade do Bem de Família*. 2. ed. Porto Alegre: Síntese, 1993.

JUNQUEIRA, Gabriel José Pereira. *Herança*: teoria e prática. São Paulo: Angelotti, 1993.

———. *Locações e Despejos na Administração de Imóveis*. São Paulo: Stiliano, 1999.

———. *Manual do Corretor de Imóveis*. São Paulo: Ícone, 1989.

———. *Teoria e Prática do Direito Imobiliário*. 3. ed. São Paulo: Edipro, 2003.

———; COSTA, Wagner Veneziani. *Contratos*: Manual Teórico e Prático. São Paulo: Ícone, 1990.

———. *Ações do Procedimento Comum*. São Paulo: Angelotti, 1993.

———; MOTTA, Walter Ramos. *Prática em Processo Civil e Contratos*. v. 3. São Paulo: Ícone, 1991.

MARCONDES, Tito. *Manual do Corretor de Negócios*. São Paulo: Obelisco, 1961.

MARMITT, Arnaldo. *A Penhora*. 2. ed. Rio de Janeiro: AIDE, 1986.

MOTTA, Walter Ramos. *Manual Prático de Processo Civil*. São Paulo: Ícone, 1991.

NOGUEIRA, Paulo Lúcio. *Questões Cíveis Controvertidas*. 3. ed. São Paulo: Sugestões Literárias, 1980.

OPTIZ, Oswaldo e Silva. *Mora no Negócio Jurídico*. São Paulo: Saraiva, 1984.

SANTOS, Edison. *Manual do Corretor de Imóveis*. Rio de Janeiro: Edições de Ouro, 1979.

SOUZA, Sylvio Capanema de. *A Nova Lei do Inquilinato Comentada*. Rio de Janeiro: Forense, 1993.

VALERIANO, Sebastião Saulo. *Procedimento Sumaríssimo*: comissões de Conciliação Prévia. Leme: Led, 2000.

VALLE, Christino Almeida do. *Da Fraude nas Alienações Imobiliárias*. Rio de Janeiro: Cia. Edit. Americana, 1974.

VIANNA, José Segadas; RORINI, Aguiar. *Manual Prático da Compra e Venda de Imóveis*. Rio de Janeiro: Freitas Bastos, 1976.

VIEIRA, Jair Lot (Coord.). *Código Civil (Novo)*: Lei nº 10.406, de 10 de janeiro. 1. ed. São Paulo: Edipro, 2002. (Série Legislação)

――――――. *Código de Obras e Edificações do Município de São Paulo*: Lei nº 11.228, de 25 de junho de 1992. São Paulo: Edipro, 1992. (Série Legislação)

――――――. *Constituição da República Federativa do Brasil*: atualizada até a Emenda Constitucional nº 72. 22. ed. São Paulo: Edipro, 2013. (Série Legislação)

WALLIM, João Rebelo de Aguiar. *Direito Imobiliário Brasileiro*. São Paulo: Revista dos Tribunais, 1980.

Obras do Autor

A Corretagem no Novo Código Civil. São Paulo: Edipro.
Ações do Procedimento Comum. São Paulo: Angelotti.
Administração de Imóveis, Bens e Corretagem. São Paulo: Angelotti.
Aspectos Jurídicos dos Negócios Imobiliários. Leme: Led.
Contratos. São Paulo: Ícone.
Datilografia Dinâmica. São Paulo: Ícone.
Emoções – Poesias (a editar)
Herança. São Paulo: Angelotti.
Locações e Despejos na Administração de Imóveis. Lorena: Stiliano.
Manual do Corretor de Imóveis. São Paulo: Ícone.
Manual Prático da Sucessão e Partilhas. Leme: Led.
Método Revolucionário de Digitação (no prelo)
O Forasteiro – Romance. Leme: Led.
Pingos e Respingos – Poesias – pelo Autor
Prática em Processo Civil e Contratos. São Paulo: Ícone.
Sonhos Avulsos – Poesias – pelo Autor
Teoria e Prática do Direito Imobiliário. Leme: Led.
Trovas da Vida – Trovas (a editar)
Versos ao Vento – Poesias – pelo Autor